*Von Shiva, Saris und Bollywood*



Pascal Debra

# *Von Shiva, Saris und Bollywood*

Eine Reise durch die Seele Südindiens

*Von Shiva, Saris und Bollywood*

*Über das Buch:*
Verpasste Flüge. 2.500 Km Autofahrt. Insekten im Kaffee. Wundervolle Menschen und exorbitante Landschaften.

Dieses Buch ist sowohl eine persönliche Aufzeichnung der Abenteuerreise durch über 20 Städte Südindiens, von der östlichen zur westlichen Küste des Subkontinents, als auch eine Auseinandersetzung mit der südindischen Kultur, ihren religiösen Ansichten, ihrer kulturellen Vielfältigkeit und ihren Götter und Mythen.
Es ist mehr als eine Reise von Küste zu Küste, von Tempel zu Tempel: Ein Trip durch das Selbst mit allen Fragen und Problemen die durch eine solche Erfahrung auftauchen mögen.

*Über den Autor:*
PASCAL DEBRA, 1978 in Luxemburg geboren, studierte Philosophie (speziell wissenschaftstheoretische Ansätze), Literaturwissenschaften und Linguistik an der Universität Trier und erwarb dort den Magister Artium Abschluss. Beschäftigte sich mit der Vielfalt von Weltanschauungen, mit ethischen und philosophischen Konzepten, Tao, Zen, Advaita Vedanta und der Ikonografie hinduistischer Kunst. War Lehrer für Philosophie und Ethik, unterrichtet aktuell in einer Montessori-Schule.

# *Von Shiva, Saris und Bollywood*
# *-Eine Reise durch die Seele Südindiens*

*von*

*Pascal Debra*

Die Namen der genannten Menschen im Buch sind aus Respekt und zum Schutz teilweise verändert worden.

2. Auflage (2012)
Pascal Debra: Von Shiva, Saris und Bollywood –Ein Reise durch die Seele Südindiens


Herstellung und Verlag: BoD - Books on Demand, Norderstedt
ISBN: 9783844800463

# *Von Shiva, Saris und Bollywood*

*„Alles steht zum besten mit dir, auch wenn schier alles zu misslingen scheint, solange du nur mit dir selber im reinen bist. Umgekehrt stimmt nichts mit dir, selbst wenn es äußerlich gut zu gehen scheint, solange du nicht mit dir selber im reinen bist."*
Mahatma Gandhi, Ausgewählte Texte, Richard Attenborough (Hrsg.)

*„Alleinsein ist keine Isolation, es ist ein Seinszustand, wenn alle Erfahrung, alles Wissen ein Ende haben."*
Jiddu Krishnamurti

*„Reisen ist tödlich für Vorurteile"*
Mark Twain (1835-1910)

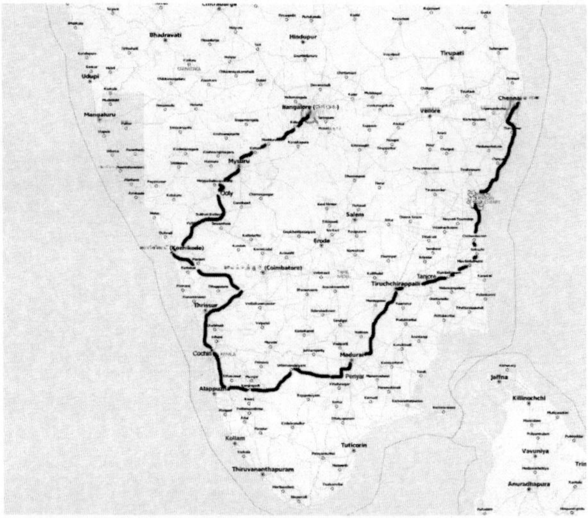


**Abbildung 1: Autoreise, 2.500Km, 20 Städte**

# *Inhaltsverzeichnis*

## *Einleitende Gedanken statt eines Vorwortes*

Wenn wir reisen, dreht sich die Erde unter unseren Füßen, fliehen die Wolken, verblassen die Dinge und Gedanken hinter unserem Rücken. Das Daheimgebliebene tritt in den Hintergrund, manchmal aber nur fast. Wir blicken nach vorne. Die Stunden des Tages verschieben sich. Die Nächte wirken plastischer, die Tage intensiv und farbiger.
Ich bin kein nach etwas Strebender, kein im genauen Sinne Suchender, sondern ein im Inneren sich stets im Aufbruch Befindender. Ich trachte nicht nach Sicherheit, denn dies, so zeigt die immer wiederkehrende Erfahrung, ist nicht mehr als ein Fixpunkt der niemals wirklich existierte.
Doch was bin ich dann?

Und muss man sich als Mensch derartig definieren? Ist es genau diese Marotte die uns so unzufrieden macht, uns die Langeweile in die Glieder treibt? Unsere Perfektionssucht nährt? Vielleicht bin ich ein sich in Erfahrung befindender Mensch, der bewusst empfindet und dabei findet, wo nichts zu suchen ist, denn alles ist derlei Finden. Wonach suchen? Wonach also streben?

Meist hängt aber jene Erfahrung zwischen den ausgespannten Extremen oder gar *in* den eben genannten, denn meine Mitte ist, wo ich die Extremsituationen durch- und damit erlebe. Der Aufbruch ist ein von Minute zu Minute aufkeimendes Ja-sagen zur Öffnung, ein Zustimmen zwischen den entlegendsten Teilen größtmöglichster Differenz zu reisen. Jedes Erleben wird zur Reise und alles Bereiste wird Erlebnis.

Letztlich bereist man immer nur sich selbst. Es dauert bis man es hört, sieht, bis man es fühlt, bis man es riecht. Manchmal wandert man an der eigenen Haut an der Oberfläche entlang oder aber man bereist durch das Erblickte im Außen ein tatsächlich Inneres.

So beginnt man von Zeit zu Zeit zu verstehen dass ein inneres Reisen sich von der Endlichkeit der oberflächlich bereisten Welthaut abhebt und durch die wüsten oder grünen Lebensinnenflächen führt wo kein sicherer Pfad hindeutet. Sichere Pfade zu umgehen macht Erlebtes zum womöglich intensivsten Gefühl, denn wo die Oberfläche von Haut und Welt verlassen wird, da lässt man sich fallen und ist im Aufbruch, der, man merkt es irgendwann oder nie, kein Aufbruch ist, sondern ein Verweilen im Hier und Jetzt des Momentes. Jemand sagte einmal, ein Schiff das im Hafen liege, sei sicher. Aber dafür würden Schiffe nicht gebaut...

Mumbai, Indien 2011

## *KAPITEL 1: Please put on your shoes!*

So vielförmig die Götter Indiens dargestellt sind, so variabel gestaltet sich manchmal sogar schon der Flug dorthin. Genauer: Delhi. Die metallene Umhüllung war durchzogen von schlaflosem Träumen oder traumdurchbebtem Schlafen in denen sich die Menschen scheinbar verstecken wollten wie in eine Höhle oder einen Kokon. Sei es um die Zeit zügiger vergehen zu lassen, oder um noch einmal Kraft zu schöpfen, die sie ahnungsvoll und unvermeidlich in Indien verbrauchen mögen, ob einer aus Wundern und Farben zu bestehenden Destination. Für manche mag es Heimreise sein, für andere ist es ein Ankommen an einem vielschichtigen, sagenumwobenen Ort des Unbekannten, des Schauens,

des Riechens und des Hörens. Vor allem auch des Riechens. Ich fragte mich, wie indische Luft wohl riecht. Ob sie anders sei? Ob man die Geschichte daraus erahnen möge? Ob man die Nase rümpft, von Ekel geschüttelt oder ob alles nach Sandelholz duftet? Dass das Riechen aber nicht erst in Indien beginnen würde, ließ uns nach einer knappen Stunde Flug der Kapitän wissen, der sich dafür persönlich einzusetzen vermochte und durch die Kommunikationsanlage der Boeing 777-200 die in Schlaf gehüllten Menschen folgendes wissen ließ: „This ist the captain speaking. Some people were complaining about the smell. We kindly request to put on your shoes, please. Thank you." Einige Menschen hätten sich über den Geruch beschwert, und der Flugkapitän erbitte das sofortige Anziehen der Schuhe, die anscheinend einige Passagiere ausgezogen hatten.
Einige Minuten später lief eilig eine der Stewardessen beidhändig bewaffnet mit Deodorants durch die beiden Flure auf und ab um eine gehörige Dosis fein riechender Vanille, später noch einmal mit Limone wiederholend, zu versprühen. Es waren zwar nicht die Gerüche Indiens (oder vielleicht doch?) die

wie vielleicht erwartet schon jetzt fast nasovomeral an mich herangetragen wurden, lustig war es dann doch auf seine charmante und skurrile Art. Und ich drückte meinen Kopf tiefer in die Seitenlage an das Kopfstück doch der erlösende Schlaf wollte sich nicht einstellen. Eine Massage von Sonam Kapoor käme jetzt ganz gelegen, dachte ich, doch half dies wenig um die aufkommenden dumpfen Nackenschmerzen zu vertreiben.

Wenn es um Schlaf geht, lassen sich in Indien viele Muster und Geschichten finden, die darauf zurückgreifen. Sowohl ihr Alltag ist dermaßen davon durchdrungen, dass man meint, man habe ganze Teile des Landes damit zugedeckt oder als hätten sie vom vergifteten Apfel gekostet, als wäre ihre Mythologie damit verwoben. Wir wissen also nun zumindest dass Götter auch schlafen. Das beruhigt ungemein und darüber hinaus ist der Bruder des Todes in Form und Bedeutung so vielfältig wie vielleicht nirgendwo sonst. Gott schläft im Stein, Gott atmet in den Pflanzen, Gott träumt in den Tieren und Gott erwacht im Menschen, so zumindest eine indische Spruchweisheit. Und wo genau erwacht sie im Menschen? Und wo schläft sie? Yoga Übende wissen: Am Ende der Wirbelsäule, im vierblättrigen Wurzelchakra, dem Muladhara, zusammengerollt wie eine Schlange. Dort sitzt die Grundenergie des Erwachens. Darüber hinaus aber schläft noch viel mehr. Ananta, die „Unendliche", die Schlange, die auf dem ewigen Wasser ruht, bietet dem Gott Vishnu eine Schlafstätte, und nicht nur um auf ihrem Körper ein Nickerchen zu halten, nein, es handelt sich um nichts geringeres als den kosmischen Schlaf. So versteht sich die hinduistische, mythologisierte Bildgewalt.

Aber zurück zu den schlafenden Menschen. Es scheint fast so als hätten die Inder des Südens kein wirklich aufzuspürendes Tag-Nacht-Rhythmusgefühl, als füllten sie jede Lücke im Tage mit Schlaf, als spannten sie ein Netz aus Träumen zwischen den Beschäftigungen. Und ist auch mal keine Tätigkeit zu verrichten, dann dehnt sich der Schlummer eben so lange über die Zeit, bis es etwas zu tun gibt. So einfach ist es. Da lagen krumm hingebettete, welke dünne Frauen zwischen den Säulen in den Tempeln in allen bunten Farben ihrer Saris. Ein von Altersfalten

durchfurchter Greis mit weißem Bart und nacktem Oberkörper auf einer Zeitung auf den Eingangsstufen eines Heiligtums. Ein Kleinkind, mehr nackt als angezogen im Schatten einer Ganesha-Statue, den Kopf in der Sonne, wie erleuchtet. Sein roter Punkt auf der Stirn, wie eine Stern. Ein Arbeiter, in zerlumptem Weiß auf den Fliesen vor einem Tempel, die Füße und Beine verrenkt als wären es nicht die seinen, wie eine Puppe, achtlos hingeworfen. Die Angestellten, die zu fünft, ihrer Arbeitskleidung entledigt, auf den Holzbänken in der Empfangshalle eines Hotels an der Mumbai Bucht schnarchten. Sie gehen nicht nach Hause. Sie haben keines.
Zuletzt ein kleines Mädchen mit wunderschön geschwungenen Lippen, auf dem Gehweg, zusammengerollt, seitwärts liegend, barfüßig mit Fußgelenkkettchen, an einer viel befahrenen Straße Mumbais, die Fäuste im Schlafe geballt, als würde es damit jeden hoffnungsvollen Traum festhalten wollen an jenem helllichten Tage. Als Bollwerk gegen den lauten Verkehr. Das Mädchen hat sicher wunderschöne Augen, dachte ich und musste einen tiefen Atemzug vollbringen, als förderte es meine Schritte um mich nicht selbst da-

zu zu verleiten es aufzuwecken und dem Kind meine nicht geöffnete Mangosaftflasche zu überlassen...
Alles aber was den Schlaf selbst übertrifft geht in Brahma ein, denn Brahma ist jene Kraft, die durch Anschauung seiner selbst, erst die Urseele, Purusha genannt, erschaffen hat. Brahma bringt aus ihr erst die Welten hervor, immer nur für eine bestimmte Zeit, denn, so sagen die Veden, die Welten müssen wieder zurückkehren in Brahma. Während der gesamten Zeit der existierenden Welt, schläft Brahma, bis er erwacht und die Welt der Zerstörung anheimgegeben ist, und sogleich die nächste zu kreieren um wiederum schlafen zu können. Den längsten Schlaf in Indien hat also Brahma.

Schlafwandelnd fast erwartete ich meinen Flug in Mumbai um nach Chennai fliegen zu dürfen. Mein Einreisevisum aber schien ein Faktum hektischer Betriebsamkeit im „Immigration Bureau" zu sein und man bat mich, Platz zu nehmen. Indische Bürokratie ist zielgerichtet, das eigentliche Problem ist die Zeit die dafür aufgewandt wird. Der indischen Dialekte nicht mächtig wusste ich auch

nicht, was genau vor sich ging; allenfalls wusste ich, dass man mit meinem Pass hin- und herlief. Wer ihn gerade in den Händen hatte? Ich wusste es nicht. Ich meinte, ich würde so sicherlich meinen Flug verpassen, was denn los sei? Die Antwort war, man müsse mit dem Chef sprechen. Der aber wäre gerade nicht abkömmlich, ich müsste warten. Indessen widmete man sich anderen Dingen, anderen Problemen.
So verstrich die Zeit in dem kargen, weißen Zimmerchen, dekoriert mit drei Holztischen und einer Strafbank auf der ich rumsitzen musste. Das funzelige Licht der nackten Birne ging mir auf den Zeiger.
Aber schließlich hatte man mich beruhigen wollen, es wurde mir versichert, ich würde meinen Flug bekommen. Dem war dann doch nicht so und man buchte um.
Mit Einreisevisum im Pass durfte ich durch die Gänge des mir unbekannten Flughafens in Mumbai laufen. Ich trollte mich, wusste nicht recht wohin, doch ging ich einfach. Wenn man weitergeht, kommt man irgendwo hin. Vielleicht an einen Ort der einem andere Wege öffnet, manchmal sind es aber nur Korridore zu Sackgassen. Irgendwann stand

ich draußen im Mumbaier Monsunregen, mit meinem Boardingpass. Einige Arbeiter schickten mich und meine beiden Koffer nach draußen, die anderen wiesen mir mit dem Finger an, wieder zurück in den Flughafen zu gehen. Gespräche im Marathi-Dialekt. Die Verwirrung wurde durch vermehrte, vermeintliche Hilfe nicht geringer, eher vergrößerte es die Isolation meiner Situation. Auf Marathi, der am meisten gesprochenen Sprache in Mumbai verständigten sich die Hilfeleistenden, doch eine Einigung schien nicht in Sicht. Ich hoffte zugleich dass wenigstens die Männer sich untereinander verstanden, denn schließlich gibt es in dieser Stadt mit über 21 Millionen Einwohnern zugleich 200 verschiedene Dialekte. Man eruierte mein Problem und meinte abschließend, dies sei nicht mein Abflugsflughafen. Mein ungläubiger Blick.

Ich musste etwas verblüfft ausgesehen haben. Mein neuer Boardingpass sei ausgestellt auf den Domestic Airport, sagte man gelassen, als müsste ich mir dieses Umstands bewusst sein.

Und dies ist nicht der Domestic Airport, war meine Frage.

Nein, versicherte man mir, der liege da hinten, man wies mit dem Finger in die dunklen Wolken die einen Horizont versprechen sollten der voller Regen war.
Ob ich zu Fuß laufen könne, fragte ich.
Nein, lachte man, das sei nicht möglich, eine Autoriksha löse aber das Problem.
Minuten später wurde ich sodann durch den Berufsverkehr gefahren; hupend, rollend, abbremsend, das Erleben geschehen lassend und hoffte innig, man habe tatsächlich Recht gehabt. Der Regen prasselte auf das Dach der Autoriksha; in die offenen Seiten peitschte das Wasser hinein, auf meine Koffer, in meine Schuhe. Warmes Regenwasser auf meinem Gesicht. Schwüles Dahinrumpeln durch verdreckte, stinkende Straßen. Warm. Unumgänglich, hektisch.
Irgendwann gelangte ich an den Domestic Airport, mehr überrascht als erleichtert, kopfschüttelnd und lachend zugleich. Zumindest hatte man Recht behalten: Zu Fuß wäre es nicht erreichbar gewesen.
Nur noch drei Stunden bis Chennai.
Flug.
Mein Fahrer wartete übrigens wacker seit drei Stunden in Chennai.

Dieser hatte geduldig vor dem Flughafen ausgeharrt und empfing mich mit einem Lächeln. Sein Name: Rajesh.
So erblickte ich zum ersten Mal Chennai, in nächtlicher Dunkelheit.
Das Hotel indes war von der Straße aus nicht zu sehen, man musste erstmal durch ein total verdrecktes und als Müllecke getarntes Bogentor in der Hauptstraße gegenüber des Bahnhofs von Chennai ruckeln. Im Zimmer angekommen, brachte der indische Junge vom RoomService erst einmal einen halben Liter Bier, genauer 650ml. Ich trinke ansonsten nie Bier. Aber nachdem ich die als Badezimmer bezeichnete Waschecke inspiziert hatte und selbst aus der Pappschachtel der Seife eine Kakerlake entwischte, war es mir dann doch, hauptsächlich weil zu müde, ziemlich egal was tief in der Nacht und mit Jetlag noch passieren konnte.

Als die ersten nächtlichen Geräusche Indiens, unvertraut und faszinierend zugleich in ihren Farben durch die Nacht geisterten, nahtlos aneinandergefügt wie ein Flickenteppich aus Kolorierungen, die weder gänzlich dem Tag, noch vollständig der Nacht anzugehören schienen, dunkelte auch mein Bewusstsein. Nach 32 Stunden schlafloser Annäherung an meinen Zielort Chennai, fügte ich nur einen weiteren Atemzug an die Nacht an und taumelte nahezu in einen traumlosen Schlaf. Ich merkte noch nicht einmal dass mein Zimmer gar kein Fenster hatte.

## *KAPITEL 2: Please, no shoes! – Mit nackten Füßen durch die Tempel wandern*

Die Sonne brannte martialisch über den dahinfaulenden Dächern der Slums in Chennai, früher Madras genannt. Vergilbte Wände reflektierten das Licht in die Blumenstraße hinein, wo seit Stunden die indischen Frauen bedächtig, routiniert, frische Jasminblüten aneinander flochten, um sie als Kränze in die Auslage zu hängen oder zu drapieren, die nichts mehr war als ein Tuch oder die Straße vor ihren nackten Füßen selbst.
Männer, ihre Mobiltelefone ans Ohr gedrückt, liefen unachtsam an ihnen vorbei, blieben nur kurz stehen, um eine indolente und phlegmatische Kuh vorbei zu lassen, die

von einer Seite des schmalen Gässchens zur anderen trabte. Ihre Rippen quollen bei jedem Atemzug hervor; jede Kuh hier ist dünn und sieht ermattet aus, als hätten sie desnachts keinen Schlaf gefunden. Fahrräder und Autorikshas suchten sich ihren Weg durch den Blumengirlandenspalier. Die Frauen krächzten: „vanka, vanka!", kaufen, kaufen oder blieben ganz stumm und in sich versunken, Blume an Blume bindend, als erzählten sie sich selbst längst vergangene Geschichten aus ihrer verblassten Jugend und wippten mit ihrem Kopf, auf der Stirn prangte das rote Bindi.
Irgendwann erschien hinter Gebäuden, Gehupe und Sonnenglänzen die farbenprächtige und schillernde Vamana des 36 Meter hohen Eingangstores zum Kapaleshvara-Tempel in Mylapore/Chennai. Eilenden Schrittes näherte ich mich ihm, wie einem ruhenden Tier, das man von nahem betrachten möchte, doch andächtig zögert, ob seiner stillen Größe.
Hektik am Schuhabgabestand. Die Schuhe wurden irgendwo hingelegt, unnummeriert, wie verlassen, ohne Eigentümer. Man darf sie drinnen nicht tragen. Meine nackten Füße berührten zum ersten Mal auf diese be-

sondere Art indischen Boden. Es ist seltsam, doch ein überaus beruhigendes Gefühl. Der Kopf aber dachte: Ich laufe nicht einmal zuhause barfüßig durch meine Wohnung, und nun werde ich in den Tempel gehen wo Millionen Menschen, alte und reiche, kranke und arme durchgesickert sind, wie in einen Einlaß zu einem großen Wassersammelbecken, wo es nur eine mögliche Bewegung gibt: Mittreiben.
Die vom Darüberhinwegschreiten fast blank und rund polierten Steine unter dem Tor fühlten sich angenehm an und der Blick schweifte in den Innenbereich der Tempelanlage, wo mehrere kleine Heiligtümer in der Mitte sich jeweils einer Gottheit zugeordnet sehen. Menschen standen auf den Stufen, beteten, ihre Hände gefaltet, oder über dem Kopf haltend, saßen an den Säulen als müssten sie erst Kraft sammeln für ihre innige Andacht. Glocken wurden angeschlagen, man roch die Sandelholzschwaden noch bevor man den Brodem überhaupt sah. Dieser Shiva-Tempel ist ein besonders schönes Beispiel dravidischer Baukunst und ich wandelte still und mit Bedacht einen Fuß vor den anderen setzend über die Stufen. Hier wird

Shivas Angetrauten Parvati in ihrer Form als Karpagambal gehuldigt, als Göttin des wunschnachgebenden Baumes. Ich stand abseits, betrachtete in dem kleinen Innenhöfchen zwischen zwei kleinen Tempelmauern, wie Frauen konzentriert und behände farbige Schnüre um den trockenen armdicken Ast banden und in sich gekehrt die Augen schlossenen und nur so da standen und ihr Anliegen Parvati in die Hände legten.

In ihnen muss tiefes Wünschen gereift sein, wenn schon kein Kind. Hier kommen Frauen hin, wenn sie keine Kinder kriegen können, oder sich eines sehnsüchtig wünschen. Oder eines gestorben ist. Es war unklar, man konnte nicht in sie hinein sehen. Nur Parvati wird es wissen. Dennoch hat der Schmerz manches Frauenauge getrübt, die unendlich untröstlichen dunklen Augen blickten mich an, wie eine Erscheinung. Senkten den Blick und sie sah nun noch desolater aus, als hätte ihr Augenspiel etwas an mir hängengelassen, wie am Baum.

Mädchen und Frauen sind in Indien oft immer noch Menschen zweiter Klasse. Man sieht es an ihren Gesichtern. Älter sehen sie fast alle aus, als sie in Wirklichkeit sind, als

führte die Realität ihre Züge tiefer in ihre Gesichter als bei anderen Völkern. Sie wissen um ihre unergründlichen Gesten, ihre Mimik die sich erhabener widerspricht, als dass sie ein Mehr aufzeigt. Und dann wissen sie: Sie müssen zurückweichen in ihre traditionellen Gefühle und sie vergehen damit gänzlich im Tage. Ich stand etwas verloren, schaute und blickte; im Gefühl waren die Frauen noch nicht gegangen. Das Bild bitteren Wünschens hatte sich zu sehr eingebrannt.
So viele Menschen beten, in so vielen rauschen die Worte, die Verse, die Mantren. Sie haben es wohl seit langer Zeit gelernt, vom Vater, vom Großvater, von der Mutter. Man kann es nicht sagen. Sie murmeln manchmal, raunen oft, einige flüstern, die Lippen ganz nah am Stein, dem sie huldigen. Zwei ältere Frauen tröpfelten etwas Ghee über eine Statue; es funkelte im Sonnenlicht. Sie redeten vor sich hin, schnell, ungehindert und geübt verließen die Gebete ihre Münder, ihre spröden Lippen.
Mein Weg führte mich zum Meer, zum überlangen, fast menschenleeren Marina Beach Strand. Ein Teil der Asche des indischen Phi-

losophen Jiddu Krishnamurti[1] wurde hier verstreut.
An jenem Tag wurde nur Fisch verkauft, aber es waren keine Käufer zu sehen. Auf der anderen Straßenseite slumähnliche Bauten, mehr zusammengezimmerte, unausgearbeitete, unfertige Holzverschläge mit Well- und Pappedächern, als richtige Häuser aus Ziegeln. Nackte Kinder daneben. Herumlaufende Hühner und Ziegen. Alles wie improvisiert, wie nicht für die Dauer, sondern wie im Vorübergehen kurz aufgerichtet um gleich wieder weiterzuziehen. Die Tragik: Das waren ihre Häuser, das war es was sie ihr Zuhause nannten. Die Frauen die in ihren Saris Wasser auf ihrem Kopf balancierten. Die Männer, abgehärmt, in lumpigen Kleidern. In ihren Augen, die voller Kummer waren, war die Dauer des Tages schon viel zu lange...

Vor Jahren gab es hier einen Tsunami. Er fegte das halbe Slumviertel davon. Die, die

[1] Jiddu Krishnamurti (1895-1986), indischer Philosoph, Schriftsteller, Sprecher, spiritueller Lehrer mit dessen Schriften ich mich seit frühester Jugend beschäftigt habe.

nichts hatten, hatten noch weniger als nichts. Was sie sich mühsam erarbeitet hatten, war gänzlich verschwunden. Das Meer hatte es ihnen genommen. Das Meer schenkte ihnen skurrilerweise etwas anderes anstelle ihrer Behausung: Nahe des Strandes hatten die Wellen einen jahrhundertealten, unter Sand und Erde verborgenen Ganeshatempel freigeschwemmt. Ob sich die Menschen darüber freuten? Ich kann es nicht sagen.

Eine Skurrilität besonderer Art zeigte sich einen Tag später in Mahabalipuram (Mamallapuram). Nicht das Gesehene an sich wurde zu einer merkwürdigen Besonderheit in diesem süd-östlichen Teil Indiens, sondern mein Guide Muthukumaran, der mich an diesem Tag durch das Gelände der Pancha Ratha, oder anders, den „fünf Rathas[2]", eine Gruppe besonders hervorstechender monolithischer Tempel des 7. Jh. führen sollte. Der etwas ältere, hagere große Inder mit rotgetönter Sonnenbrille, dem die Hose um die Beine schlackerte, begrüßte mich auf eine sehr net-

---

2 Pancha=fünf; Ratha=Prozessionswagen; eigentlich aus Holz, hier als Repräsentation in Stein gehauen.

te Art und Weise und nach einem kurzen Smalltalk, der sich in Indien immer auf dieselbe Art und Weise vollzieht, schob er dann nämlich eine wahrhaftige Fünfheit von Fragen hinterher:
-What´s your name? Where are you from? What are you working? Are you married? Und manchmal: How much are you earning?
-Wie heißt du? Aus welchem Land kommst du? Was arbeitest du? Bist du verheiratet? Wieviel verdienst du? Dann erst führte er mich in die Geheimnisse dieses Ortes ein, die mich noch sehr erstaunen sollten.
Ein doch etwas ungutes Gefühl beschlich mich, als er anfing in der glühenden Sonne vom englischen Wort GOD für Gott zu dozieren, wobei er darauf aufmerksam zu machen versuchte dass seine Umkehrung DOG sei, und er akzentuierte jeden einzelnen Buchstaben: „Diiiii Ouuh, Giiiii, you see, it´s God, God is the dog, you understand?“ Er strahlte über das ganze Gesicht, sichtlich stolz auf seine philosophische Errungenschaft. Ah ja, da versuchte tatsächlich jemand mir weiszumachen, genau das sei des Pudels Kern. Gott ist ein Hund, und jeder Hund ist ein Gott. Sehr skurril für einen Hinduisten,

ein hervorragend gelungenes Exempel verworrener Veranschaulichungen. Daher, so meinte er, seien auch so viele Hunde hier in Mahabalipuram! Ich nickte schnell ein indisches Nicken, den seitwärts zu den Schultern hin und her wippenden Kopf. Es mag der Wirklichkeit entsprechen dass es hier viele Hunde gab, die zwar alle anubisköpfig gleich aussahen, ihr Fell, orangefarben wie der Wüstensand; aber dass das englische Wort als Anagramm die wahre Essenz aufdecke, das war mir doch mehr als schleierhaft. Ich wollte keine Diskussion beginnen, die darauf hätte abzielen können, wie sich das denn in anderen Sprachen verhalten würde, und ließ ab von diesem Unterfangen, sperrte meine Lippen und schob meine Sonnenbrille schützend höher. Was sollte sich hier noch ereignen? Am liebsten hätte ich den Tempelkomplex gänzlich alleine besichtigen wollen nach einer solch hündischen und eindringlichen Feststellung geradezu göttlichen Un- oder Übermaßes. Das Rätsel der Gottgestalt war gelüftet, zumindest für den Guide und ich blieb etwas ratlos zurück, besonders, weil dies nicht Ägypten ist und im indischen Götterpantheon allerlei Gottgestalten repräsentiert

sind, keineswegs aber Hunde. Es gibt blaue Wesen, schwarze Wesen, Wesen mit vier Armen und Händen, Elefanten-, und Affenköpfige, solche die auf Pfauen reiten, andere wiederum auf Ratten und weitere symbolträchtige Besonderheiten...aber Hunde?
Ich staunte. Wir umwanderten die Draupadhi-Ratha, die Nachbildung eines Holzwagens, welche der Göttin Durga gewidmet ist. Der Fries an der Rückwand zeigt eine besonders selbstzerstörerische und zugleich verstörende Szene: Eine vierarmige Durga[3] füllt den Hauptteil des Bildes, unter ihr betende Gläubige, wovon einer, an radikaler und bedingungsloser Selbstaufgabe nicht mehr zu übertreffenden Maßnahme, sich selbst den Kopf abschneidet.
Mein Guide lachte ein vieldeutiges Lachen, seine weißen Zähne zeigend. Das ist Tod, das ist Sex, sagt er. Dieser Mann verwirrte mich zusehends.
Nun gut, Durga ist der rächende Aspekt der eigentlich lieblichen und anmutigen Göttin

---

[3] Wörtlich: Die „schwer Zugängliche“. Göttin der Vollkommenheit, auch bekannt als Sarasvati, Lakshmi und Ishvari. Oft als Mahadevi (Große Göttin) bezeichnet.

Parvati, die ich ganz anders aus Chennai in Erinnerung hatte. Aber so wandeln sich bekanntlich die Dinge in ihrer Erscheinung... Im Tantra hingegen ist sie gerade in ihrer Durga-Form die höchste Manifestation der Shakti! Das war es auch, so glaube ich, was Muthukumaran mir mitzuteilen versuchte; im Nachhinein bin ich mir da aber gar nicht mal mehr so sicher.
Von dieser Stätte fuhr mein Fahrer uns zu den nahegelegenen Reliefwänden, die geradezu vor Symbolvielfalt strotzen; direkt angeschlossen sind die Höhlentempel von Olakkanthara und Panch-Pandeva, sowie Krishnas Butterball, einem natürlich entstandenen runden Steinkoloss von wahrhaft gigantischer Größe. Dieser steht, bzw. hängt an einem schiefen, felsigen, glatten Abhang und man denkt jederzeit, ein sanftes Anstupsen würde ihn ins Rollen bringen. Die in seinem Schatten grasenden, ausgemergelten Schafe schien dies keineswegs zu beunruhigen. Sie blickten nicht einmal auf, als ich sie zur Seite schubste um mir meinen Weg an ihnen vorbei zu bahnen.
Mahabalipuram zeigt mir den Tod, so schien es und darüber hinaus den natürlichen und

bruchlosen Übergang von Tod und Leben, Leben und Tod. Dem Arthashastra zufolge, einem altindische Staatsbuch, welches im 4. Jh. vor unserer Zeit verfasst wurde, wurde jeder mit der Todesstrafe belegt, der ein Wassersammelbecken zerstörte. Wasser ist nicht nur Grundlage des Lebens, überall auf diesem Planeten; dies anzuführen erübrigt sich im bloßen Erwähnen, in Indien jedoch ist es mehr als sonstwo auch spirituelle Quelle. Wer kennt nicht den Ganges, den heiligen Fluß? Darüber hinaus: Millionen Menschen pilgern im 12-Jahres-Takt nach Haridwar, einem der heiligsten Orte Indiens, um dort das „Kumb Mela", das „Wasserfest" zu begehen, denn dort gibt der Himalaya den Ganges frei, kristallklar, berauschend, blau.
Die „Herabkunft des Ganges", das zur Legende dazugehörige Steinrelief in Mahabalipuram, das eine Fläche von 12 Meter Höhe und 33 Meter Länge, einnimmt, ist das größte Wandrelief weltweit. Ganga, die personifizierte Göttin des Flusses, tritt hier in die Verweltlichung. Das Relief erzählt die faszinierende Geschichte des königlichen Wagemutes Bhagirathas, der Ganga herausforderte hinabzusteigen um allen Seelenunmut sei-

ner Ahnen zu bereinigen. Natürlich hatte sich der Mensch in seinem Menschsein, obwohl König, mehr als verschätzt, und, aus dem Ruder gelaufen, wandte dieser sich an Gott Shiva, wie Menschen es für gewöhnlich immer tun wenn was gründlich schief geht. Das Wasser nämlich drohte alles zu überschwemmen. Dieser erbarmte sich und ließ fortan das Wasser der Ganga durch seine Haare fließen, bezwang so ihre unbändige und zerstörerische Kraft.

Muthukumaran bleckte die Zähne und zischte ein Lachen: „Yes, this is death, this is love, this is sex."

Nun ja, wenigstens erwähnte er die Hunde nicht mehr...

Meine Reise führte mich noch an diesem Tag weiter nach Süden.

Mit Neugier, mit unbändiger Regung ging ich die Straßen in Pondicherry entlang, nachdem ich nur kurz im Hotel weilte um meine Koffer dort unterzubringen. In der Dämmerung erreichte ich diese wunderschöne Stadt, dessen französischer Einfluss nicht von der Hand zu weisen ist. Dort wollte ich einkehren, wie in einem Haus, mochte mich

einhüllen lassen; mein ganzes Wesen schien tiefer in der Stille zu vergehen, als mein tatsächlicher Körper der dort einfach genießend stand und blickte.
Ältere Einwohner dieser Stadt sprechen gar noch französisch, mir erscheint dieser Umstand seltsam, konnte beides im ersten Augenblick nicht miteinander vereinen, Indien, französische Sprache... Die sich an den Wänden spiegelnden Lichter in den Straßen voller Kolonialbauten waren hell, freundlich, darüber der dunkelblaue Himmel, friedlich und einfach nur den Tag in die Nacht hineinneigend. Und darüber, irgendwann das Gefühl von Stille und Ehrerbietung als ich in die Manakaula Vinayakar Koil Street hineintrat, wo der gleichnamige Tempel Ganesha huldigte. Davor ein großer, sanfter, wahrhaftig realer Elefant, der die Menschen mit dem Rüssel segnet, sobald jemand ihm Geld, Jasminblüten oder eine Banane anbietet. An den Ecken das Getummel, die Gesänge, Trubel; in mir die Stille, der Moment in dem ich einen duftenden Kranz Jasminblüten ehrfürchtig hingereicht habe, den Atem anhaltend, ob der unglaublich zarten Berührung dieser Tierseele.

Elefanten haben wunderhübsche, orangefarbene Augen, niemand scheint sie zu sehen. Niemand. In ihrer Tiefe sind sie unerschöpflich. Hätte ich ihn Stunden anschauen können? Einfach nur stehen. Schauen. Ich hätte es getan. Ja. An jenem Abend unbedingt. Meine Demut in den Schritten zurück. Mein Abend hatte gerade erst begonnen. Einige Minuten und eine Querstraße weiter trat ich in den Aurobindo Ashram ein...
Ich wusste nicht was mich erwartete. In einem Hof, dessen Stille alles bedeckte was sich dort befand, steht das weiße Samadhi-Grab des großen Philosophen Sri Aurobindo Ghose. Über seinem Grabe liegen Blüten, in allerlei Farben und Größen. Rotes und orangefarbenes Baldachin ist darüber gespannt, welches abends lautlos, unhörbar entfernt wird. Die Menschen saßen vereinzelt im Hofe, meditierend, betend oder einfach nur ruhend. Mit offenen Augen. Mit geschlossenen Augen. Ein gewaltiger Baum beugt sich behütend über das Grab und den Hof, wie ein beschirmender Riese. Es beherbergt die gesamte Stille und Ruhe und hält sie fest im Hofe...Darüber der dunkelblaue Himmel der zur Nacht wurde. Hier sitzen Europäer,

Amerikaner, Asiaten, Inder. Alle beisammen, alle nur aus diesem Grunde, nämlich jener in dieser Lautlosigkeit, ganz eins zu sein. Ich saß gegen die Wand gelehnt und schaute, meditierte wieder, schaute, meditierte wieder. Menschen gingen kaum merklich am Grab vorbei, jene die noch konnten knieten dort nieder, legten oft gar die Wange auf den kalten Stein, umarmten das Grab wie einen Menschen selbst. Viele kamen wohl nur deshalb nach Pondicherry. Kamen um nur dort zu sein. Um zu sein. Aus einem unerfindlichen Grunde musste ich plötzlich gegen die Tränen ankämpfen...und wusste nicht warum ich überhaupt so fühlte.

Es wurde Zeit den Ashram zu verlassen. Mehr konnte ich dort nicht empfinden. Es war alles da in mir, was man erwarten konnte.

Also zog ich meine Schuhe wieder an, betrat die Straße, die inzwischen dunkel geworden war. Rajesh saß auf dem Bürgersteig neben dem Auto und reichte mir wortlos eine Zigarette. Ich setzte mich zu ihm. Er schaute mich nur an, sagte nichts. Er sah es in meinen Augen. Ein guter Kerl, ein Herzensmensch.

An jenem Abend saß ich im Hotelzimmer und die Tränen brachen aus mir heraus, ungehemmt, wie aus der Tiefe hervorströmend, wie für Jahre oder ein Jahrzehnt bestimmt. Kein Widerstand, kein Gedanke, nur Fühlen. Unbändiges Fühlen...In dem Moment war ich dermaßen erfüllt, dass ich wirklich hätte sterben können und es wäre mir leicht gefallen.

## *KAPITEL 3: Nataraja, Milch und indische Zimmerbekanntschaften*

Die Nacht war heiß, doch wenigstens hatte ich zur Abwechslung warmes Wasser zum Duschen. Man freut sich über die kleinsten Dinge, bringt in sich eine Haltung hervor, die ohne größere Erwartung zu bestreiten ist. Vermutungen, Befürchtungen und Vorgefühle treiben auf eine Aussicht zu, die sich jeden Tag wandeln, meist in jene Richtung noch weniger zu erwarten als am Vortag. Muss man darauf vorbereitet sein? Vorher?

Unerheblich ist dieser Umstand für die Stadt in der man aufwacht, die brütende Hitze, der Gestank, die schrillen und redundanten Geräusche. Die Menschen, ihre Lebensweise. Verschließt man sich, fällt die eigene Isolati-

on vom wahren Leben ohnehin auf einen selbst zurück. Es ist unerbittlich und man muss fast Teil des Ganzen werden. Ein Teil des Selbstes mag als Reaktion folgendes hervorbringen: Im Kulturschock gefühllos werden. Oder erbarmungslos und bemüßigt feststellen: Indisches Leben bricht sich Bahn durch deinen gesamten Organismus und du hast keine Chance wenn du dich auflehnst.
Also sich einfach freuen, dass man gesund ist, dass der Tag geglückt ist, dass man desnachts schlafen konnte.
Man lässt es geschehen, Indien assimiliert dich.
Dein Lebensrhythmus ändert sich, du gewöhnst dich langsam an das Essen, morgens warmes Dosa, ein im besten Falle krosser, dünner Pfannkuchen, ein fermentierter Teig aus Reis- und Urdbohnenmehl, mit warmer Kartoffelfüllung, dazu meist zwei Saucen in kleinen Schüsseln in das man das Ganze, mit den Fingern essend, hineintunkt. Das eine ist Sambar, auf Linsen- und Tamarindenbasis, das zweite ein Chutney aus Kokosfleisch, meist verfeinert mit Minze und Tomaten.
Sich morgens mit Genuss daran zu laben ist gewöhnungsbedürftig, aber man freut sich

grundsätzlich darüber, dass man zwei oder drei Stunden später das Gefühl hat: Das Essen war in Ordnung, ich verspüre keine Übelkeit. Irgendwann reicht einem das. Man schraubt Erwartungen durch Ahnungen, Einschätzungen und Zweifel derart herunter, dass man sich gar mit Freude auf ein Weniges beschränkt. Schlafen, ausreichend, ein Minimum. Essen, ein Minimum, vegetarisch, mit der Hoffnung es sei nicht verdorben gewesen. Mit der Frage im Hinterkopf: Wie sah die Küche aus, wo das was vor mir liegt gekocht wurde? War es überhaupt eine Küche? Waren die Pfannen „sauber"? Ein gelenkiges Wort, jeder versteht darunter etwas gänzlich anderes. Im Gegenzug: Der Hygienewahnsinn des Westlers. Desweiteren: Sich fragen, was im Chai ist. Schwarzer Tee, aufgebrüht. Geht klar. Aber die Milch? Mich fast vegan ernährend, hier plötzlich ab und zu wieder Milch trinkend, ohnehin gewöhnungsbedürftig. Die Fragen aber, woher die Milch stammt, ob abgekocht oder roh, ob Stunden irgendwo offen rumgestanden, ob man vorher Insekten rausgefischt hatte, sind am Anfang oftmals mehr als penetrant. Und auch gerechtfertigt, wie ich mehrmals erleben

durfte auf meiner Reise. Denn für die Inder ist es nicht selbstverständlich dass Milch kalt konserviert wird, verschlossen noch weniger. Warum?
Aus welchem Grunde? Es war Jahrtausende nicht anders. Warum jetzt ändern? Warum?
Das Leben geht seinen gewohnten Weg, bahnt sich Wirklichkeit durch die Augen der Jasminblütenverkäuferinnen, drängt sich durch ein Kleinkinderspiel und ihr begeistertes Jauchzen, blüht, vergeht im Zyklus eines Banyanbaumes und endet wohl wenn Brahma wieder einmal erwacht und die Welt zusammenklappt um eine andere zu schaffen.
Was sollen wir da Großartiges bewegen? Aus Angst vor Milch? Vor Ansteckung?
Nicht daran festhalten, weitergehen, nicht um weiterzukommen sondern um des Gehens willen. Um den neuen Tag zu sehen. Um zu sehen was sich vor mir ausbreitet, sei es Landschaft, sei es Menschengewühl oder Farbigkeit und Duft.

Mein Ziel an jenem Morgen war Chidambaram.

Chidambarams Zentrum ist der Nataraja-Tempel. Alle Straßen laufen auf die Tempeleingänge zu. Die verstaubten, gelben, sandbedeckten Straßen sind übermäßig breit, anders als in anderen Städten, was zurückzuführen ist auf die Prozessionen der Tempelwagen, die in der Hauptstraße wartend und gehütet auf ihren Einsatz warten. Die Ursprünge dieser Stadt sind unbekannt, selbst die älteren, zahnlosen unter den Einwohnern wissen nicht bedeutend viel; im Dunkeln verbreiten sich die Wurzeln dieser Stadt, ziehen unbekannt in der Vergangenheit ihre Kraft hervor und scheinen sich im Nataraja-Tempel gänzlich in Form zu gießen.
Mein Guide Guna sagte ehrfurchtsvoll, dieser Tempel sei einer der heiligsten in ganz Indien. Shiva wird hier nicht vorrangig als Lingam verehrt sondern in seiner Form als „kosmischer Tänzer", als Nataraja. Ich muss dazu ergänzend sagen, dass Shiva mich in dieser Form seit meiner Kindheit an faszinierte. Die Legende besagt, Shiva und Kali (die dunkle Form von Parvati) führten einen Tanzwettstreit auf, wobei beide gleichauf waren in ihrem künstlerischen Aufgebot; sie meisterte die Tanzbewegungen ebenso be-

hände wie Shiva selbst. Letztendendes gewann Shiva durch eine List: Er führte einen Fuß zu seiner Stirn (bzw. über seinen Kopf) und heimste so den Sieg ein, denn für Frauen, selbst Gottheiten, ist es verboten eine solche Geste auszuführen - aus Gründen der Scham...

Genau hier an diesem Ort, in Chidambaram, soll diese Szene stattgefunden haben.

Ich stand also nun auf dieser staubigen, sonnendurchfluteten Straße, Sari tragende Frauen huschten schnell über die Kreuzungen, motorisierte Rikshas bahnten sich dröhnend, ratternd, hupend und stinkend ihren Weg. Einige weiße Rinder, mit majestätischen Hörnern lagen oder standen unter den schützenden Dächern der Geschäfte, beschäftigt mit dem Wiederkäuen, neben ihnen eine Gruppe indischer Männer, die Chai schlürften. Der Geruch von Gebratenem zog durch die Luft. Morgens um zehn Uhr. Der Dung der Rinder wird als Brennmaterial fürs Kochen genutzt. Die Kühe dürfen frei auf den Straßen herumlaufen. Dies hat einen simplen Grund: Sie gelten als Abfallentsorger, sie essen alles halbwegs Nahrhafte. Sie sind dünn. Sie sind müde. Der Hunger nach

Leben aber scheint ihnen zusehends auszugehen.
Als ich hoch zur Gopura, einem der vier sogenannten Eingangstürme, sah, die sich in der Sonne stolz hinter den zerschlissenen Fassaden der Häusergruppen emporhob, stand mein Guide vor mir: Ein unglaublich kleiner, schmächtiger alter Mann; eine winzige Ausgabe eines indischen Woody Allens, mit übergroßer Brille und einem überaus sympathischen Lächeln. Er dürfte etwa 1 Meter 40 von der Sandale zum Scheitel gemessen haben. Sein hellblaues Hemd war viel zu groß für diesen kleinen Mann. Seine Hose sowieso. Seine Ärmchen mahnten mich zur Achtung vor dem Verkehr. Take care, take care, sagte er mit krächzender transparenter Stimme und zeigte zur anderen Straßenseite und weiter in gebrochenem Englisch: Don´t talk to the women, they want your money. Take care.
Nun ja, er schien übervorsichtig, was überaus nett war, aber ziemlich unnötig.
Mit eiligem Schritte und barfuss betraten wir das im 11. Jht. erbaute Heiligtum durch das östliche Tor, das durch seinen Reliefbogen mit 108 Hand- und Fußbewegungen hervor-

sticht. Dies sind die Tanzbewegungen und – haltungen des bekannten, noch heute erlernbaren Bharat Natyams.
Die Brahmanen des Tempels, die sogenannten Dikshitras, bereiteten Rituale unter einem Vordach vor, es roch nach Sandelholz und anderen Kräutern. Über dem goldenen Dach des inneren Heiligtums blitzte die Sonne. Gesänge hoben an, leise, ehrfurchtsvoll. Brahmanenpriester, nur mit einem Rock, Dothi genannt, bekleidet, durchschritten den großen Platz vor dem Heiligtum. Eine weiße Nandibullenskulptur hinter Eisengittern, wie eingefangen und nie wieder in die Freiheit entlassen. Ein großes Wasserbecken in der Mitte der riesigen Anlage wurde sichtbar, bewacht von einer kleinen Ganeshaskulptur. Im heiligsten Sanctum war es verboten Photos zu machen, also verhielt ich mich aufmerksam, nur schauend. Priester huschten mit einem Silbertablett, eine heilige Flamme genährt durch Öl hütend, an mir vorbei, bereit für das Ritual. Im schattigen, fast dunklen Säulengang zum Heiligtum, blickten mich heilige Wesen im Zwielicht an, in Stein gehauen, wie sie Jahrhunderte bereits die Menschenschar beäugten die an ihnen vor-

beigegangen sein muss. Betende Menschen, kniend, stehend, den Akasha-Lingam betrachtend. In ihren dunklen Augen liest man Ehrfurcht, Demut, Gottesfurcht und leidenschaftliche Verehrung. Ich stand nur und musterte mehr die Menschen, denn das Lingam.
Draußen erwartete mich Guna. Wir schwiegen einige Minuten. Er spürte wohl, dass ich dies nicht wie ein Tourist wahrnahm. Guna tätschelte wohlwollend mit seinem dünnen Händchen meinen Rücken und schaute besonnen zu mir hoch.
Ein Brahmane mit enblößtem, bemaltem Oberkörper und nackten Füßen stand auf dem Hauptplatz, ganz vertieft eine Nachricht in sein Mobiltelefon zu tippen. Ich lachte in mich hinein. Die Zivilisation hat auch in diesem Dörfchen Einzug gehalten. Sogar im Allerheiligsten.
Einige Minuten später verabschiedeten wir uns. Neben dem Auto standen die Bettlerinnen, klopften an die Autotür, die schlafenden Kinder auf ihren Armen die so wunderbar die Wirklichkeit wegträumten.

Das nächste Ziel weiter im Süden war Darasuram, vier Kilometer westlich von Kombakonam entfernt. Hier wurde im 12. Jht. ein wundervoller Tempel der Stille errichtet, eine kleinere Ausgabe des großen Tempels in Tanjore, den ich später auf meiner Reise würde sehen können. Der Airavateshvara-Tempel ist dem weißen Elefanten und Reittier des Gottes Indra[4] gewidmet. Mir wurde indes dort das Glück zuteil, völlig alleine über das Gelände streifen zu dürfen. Gänzlich mit mir selbst und der bestrickenden und prächtigen Architektur beschäftigt, wanderte ich durch den viereckigen Innenhof, nachdem eine alte, gebrechliche, stumme, nur mit den Augen redenden Frau, meine Schuhe in einer Ecke verstaut hatte. In einem Winkel am Eingang hatte sie gesessen, einem Verschlag ähnlich, wie hingestellt, im Dunkeln wartend und erst zum Leben erweckt, sollte jemand in den Tempel eintreten wollen. So zog sie sich selbst aus dem Verborgenen hervor ins Sonnenlicht und ihre nackten Füße kratzten über den Stein, ihr Stimmchen

---

[4] Gott der indischen Veden. Wird nur mehr selten verehrt, früher jedoch als Gott der Kriegerkaste (Kshatriyas).

sprach tamilische Worte die ich nicht verstand. Ich nickte. Irgendwie war sie dann zufrieden und verkroch sich wieder in die Dunkelheit.
Demgemäß entließ sie mich in die Stille. Die Sonne blitzte über den steinernen Elefanten, die einen Treppenaufgang stützten. Die glühenden Steine brannten unerbittlich unter meinen nackten Füßen, welche die Mittagssonne seit Stunden erhitzt hatte. Der Tempel reinigt von unten durch die Steine und provoziert Gänsehaut. Purifikation durch Feuer. Ich ging und photographierte. Irgendwann musste ich laufen, es gab keine Schatten, die Sonne stand senkrecht. Ich fluchte, lachte zugleich.

Rajesh, mein Fahrer, den ich nun durch die längeren Autofahrten immer besser kennenlernen durfte, stand mit einigen Dorfbewohnern auf dem ansonsten menschen- und touristenleeren Platz vor dem Tempel, rauchte und redete. Ich gesellte mich hinzu, drängte ihn aber nicht zum Weiterfahren, sondern wollte nun meinerseits etwas Lokalkolorit kennenlernen. Man rauchte. Man lachte. Die üblichen Fragen: Where are you from? Do you like India? Man schüttelte meine Hand. Inder mögen es wenn man ihnen die Hand gibt. Sie mögen überhaupt wenn man ihnen als „Weißer“ irgendetwas gibt, sei es ein Lächeln, Informationen über das eigene Leben, ein Händedruck, oder besser: Eine Zigarette. Dann laden sie dich zum Chai ein und wollen dir ihr gesamtes Leben erzählen, mit allen Details. Es ist charmant, es ist sehr offen und man muss als Europäer oder Westler grundsätzlich ganz anders an diese Mentalität herangehen. Mutmaßlich war in jenen Tagen in Darasuram nicht sonderlich viel passiert, das Highlight schien zu sein, dass ein interessierter Reisender sich in dieses Dorf verirrt hatte. In der Nebensaison war dies nun wirklich etwas Besonderes, wie mir Rajesh später im Auto bestätigte.

Bereits einige Tage zuvor hatte ich im Hotel in Chennai am zweiten Abend einige junge, indische Rechtsanwälte kennenlernen dürfen, die auf derben und anzüglichen Humor standen. Beim Rauchen an einem offenen Fenster auf dem Gang und dem dort herrschenden diesigen Flurlicht, gesellten sie sich zu mir und wollten natürlich wieder einmal wissen, wie ich heiße, was ich so tue, und überhaupt.

Ich hätte eigentlich auch im Zimmer rauchen dürfen, doch hatte ich die Scheu davor nie abgelegt. Davon abgesehen wollte ich das auch gar nicht. Ich mag es nicht in geschlossenen Räumen zu rauchen.
Man lud mich in ihr Zimmer ein, die Tür sperrangelweit offen, was, das wurde mir später erst bewusst, durchaus Gewohnheit war in Hotels in denen Inder selbst einkehrten. Das Schließen der Zimmertür war unbekannt, wenn nicht gar nicht-existent. Schleierhaft waren mir die Verhältnisse, wer nun mit wem im Zimmer lag. Ohnehin eilte ständig einer hinaus aus dem Zimmer, dann wieder ein anderer und plötzlich kam ein Unbekannter herein und legte sich, am Mobiltelefon quatschend, auf das Bett. Meines Erachtens waren es vier Freunde, aber bis zum Schluss war mir nicht klar wie die Zimmeraufteilung ausgesehen haben mag. Wir saßen auf dem Bett und lachten und redeten, bis einer von ihnen meinte, vor meiner Tür am Ende des Flurs ständen zwei Backpackermädels. Ich dachte, er hätte mich auf den Arm nehmen wollen. Aber nein, die standen dort wirklich. Es ergab sich, dass es zwei französische junge Mädels waren und sich im

Stockwerk geirrt hatten. Einer der Rechtsanwälte schien einen Narren an den Französinnen gefressen haben und fragte mich unentwegt: Do you think, they like to come into our room? Talk to them please, you can translate, ok?
Dazu kam es dann doch nicht.
Also zurück ins Zimmer. Wissbegierig aber immer freundlich und herzlich, wollten die indischen Jungs alles wissen über den eigenartigen Reisenden, der hier in einem solchen Hotel abgestiegen war. Und wie lange ich denn bleiben wolle. Hier im Hotel und überhaupt. Das war an meinem zweiten Abend in Indien und schon hatte man Anschluss gefunden. Ich staunte.
Und nun stand ich in Darasuram in der glühenden, senkrecht stehenden Sonne und man rauchte, redete und schwitzte. Sieben Inder und ein weißer Reisender.

## *KAPITEL 4:*
## *„Sir, want a riksha?“- „No, I walk!“*

An jenem Nachmittag gelangte ich doch noch zur nächsten Stadt. Nach einer langen und gefühlt nicht enden wollenden Fahrt durch kleinste und allerkleinste Dörfer, die irgendwann nicht einmal mehr welche waren, erreichte ich die ameisenartig lebendige Stadt Tanjore (Thanjavur).

Als ich im Hotel ankam, war es bereits drei Uhr nachmittags, und um nicht noch mehr Zeit zu verlieren, fragte ich, ob es möglich sei, Lunch zu haben. Ja, das sei noch möglich, erwiderte die Dame an der Rezeption. Mein Biryani (Reismischung) wurde serviert. Ich saß als fast einziger im Speiseraum, die drei Kellner und die drei Kellnerinnen hatten sichtlich wenig zu tun. Ich schien Objekt und Thema zugleich zu sein. Man fühlt so was, denke ich. Zumindest musste es so sein, dass hier wenige weiße Reisende sich verirrten. Das machte ich an zwei Zeichen fest:

Erstens: Die Kellner und Kellnerinnen verhielten sich nicht sonderlich professionell, sondern starrten mich an wie ein Tier im Zoo. Zweiten: Man hatte mir weder Gabel noch Messer gegeben.

Auch wenn ich inzwischen gewohnt war mit der rechten Hand zu essen (was als Linkshänder ohnehin kein einfaches Unterfangen war und ist), so mag ich es doch, die Auswahl zu haben.

Ein bisschen Reststolz behielt ich für mich und orderte kein westliches Essbesteck, sondern aß meinen Reis nun so. Meinetwegen war ich eben Unterhaltung und Kuriosität in Personalunion. Ich schaufelte mein Biryani in mich hinein und versuchte mich nicht aus der Ruhe bringen zu lassen. Sechs Augenpaare beäugten mich immer noch, als ich endlich mein Mahl beendet hatte, und mit dem letzten Bissen im Mund, den Saal verließ. Ich atmete auf.

Das fiebrige Leben draußen ließ mich nicht die Abgeschiedenheit im Hotelzimmer genießen, ich wollte hinaus, auf die Straße, in die Sonne, in das laute Chaos, das unbändige Durcheinander, das Gewusel und Gewühl. Von einem der als Kind und Jugendlicher fast ängstlich jeden Keim vermied, jede Ansteckung fürchtete wie der Teufel das Weihwasser, zu einem der hier nun endgültig von diesem Trip mehr als meilenweit entfernt war. Mit dieser westlichen Reinlichkeitsattitüde kommt man hier ohnehin nicht wirklich weit. Aber auf diese simple Rechnung kommt man hier doch sehr schnell. Entweder man sitzt in Fötusstellung in einer Ecke des Hotelzimmers (obgleich dies für Hygieniker auch nicht unbedingt ratsam ist, denn weder Ecke noch Hotelzimmer sind an westlichem Maßstab gemessen sanitär oder steril) und wippt nervenzerrüttet und autistisch mit dem Oberkörper hin und her, oder man gibt sich einfach dem Leben dort hin, ohne Wenn und Aber, ohne Kompromisse. Ich lebte als Kind in ständiger Angst vor Ansteckung, vor Infektionen, vor Dreck, vor Krankheiten. Es

wurde zur Manie. Nun war ich in Indien, und hatte seit über zwanzig Jahren nicht eine einzige Impfung über mich ergehen lassen. Ich verzichtete auch vor meiner Indienreise gänzlich darauf. Ob das nicht doch etwas tollkühn oder fahrlässig gewesen sein soll? Ich sollte es wohl erfahren.
Knapp auf der Straße Tanjores, begannen die Fragen:
„Sir, want a riksha?“-„No thanks, I walk“
„Sir, want a taxi?“ – „No, thanks, I walk“
Warum glaubte man, ich könnte nicht laufen?
„Sir, want a carpet?“ – „No thanks, don´t need one“ und dachte: Ja, sicher, ich lauf mit dem Teppich jetzt durch ganz Südindien...denn im Koffer verstauen lassen sich diese Riesendinger ja auch wesentlich schlechter als eine kleine Skulptur.
Etwas Unverständnis meinerseits dürfte irgendwann erlaubt gewesen sein.
„Sir, rupees?“ – „What for?“ Ich konnte und kann gut verstehen wenn jemand etwas Trinkgeld, Tip, kriegt, wenn er mir die Koffer schleppt oder mein Bett macht, schließlich leben sie davon, aber einfach so? Das sind nicht einmal arme Menschen oder Bett-

ler gewesen, die nebenbei bemerkt auch nicht so ausgesehen haben, sondern einfach nur Menschen die denken mögen: Ah, ein weißer Westler. Der hat Geld. Lass es uns mal probieren. Irgendwann frustrierte es mich. Bin ich ein Geldesel? Glücklicherweise waren nicht alle so, das hätte ich auch nicht erwartet. Rajesh meinte dazu: Don´t give money. Irgendwann weiß man wem man was gibt, und wem nicht. Es dauert. Die Straßen aber zu meiden, bloß um diesen vereinzelten Menschen nicht unterzukommen, wäre falsch gewesen, schließlich wollte ich Indien genießen, wie Indien nun einmal ist, mit allem Drum und Dran, mit allem was Geduld benötigt. Geduld ist ohnehin eine Tugend, die hier unabkömmlich ist, ja, geradezu Elixier im Minutentakt. Für mich als Ungeduldsmensch per excellence die beste, übelriechende und lärmende Schule des Lebens. Mit Kakerlaken und frei herumlaufenden Kühen und Ochsen. Man mag es am ersten Tag feststellen oder erst nach drei oder vier Tagen: Das wahre Indien, das man jeden Tag schnuppert, die Müllhalden oder Plätze am Rande der Straße, die dazu auserkoren wurden, sind nicht Bollywood. Bollywood ist hier gar nicht ge-

genwärtig. Ich lehne mich wohl auch nicht zu sehr aus dem Fenster, wenn ich sage, dass das eine ganz andere Galaxie ist, in der Bollywood inkarniert ist. Nun ja, zumindest kannte Rajesh auch die Songs“ Jai ho“ und „Saya“ aus dem Film Slumdog Millionaire. Erstaunlich. Wir hatten es lauthals im Auto mitgesungen, als wir mehr holpernd als fahrend nach Tanjore kutschiert sind, mit 30 bis 40 km pro Stunde.

Aber ansonsten? Ich lernte Geduld, ich lernte das Mittendrinsein, vor allem das Hinnehmen.

Aber wohin gehen, wenn man die Stadt überhaupt nicht kennt und keinen Stadtplan besitzt? Einzig sinnvoll: Gehen. Einfach mal auskundschaften. Passieren kann nicht viel. Außer man verläuft sich. Und auch das ist kein Drama.

Dann die Wahl: Sollte ich diese Straße entlang gehen, nach hinten, wo ich nur noch Marktplatztrubel sehen und hören konnte aus dieser uneinschätzbaren Entfernung, oder sollte ich an den Bettlern drüben vorbeilaufen, in die Straße, die abschüssig ins Unbekannte führte?

Ich ging Richtung Marktplatz. Warum? Weil es bunter war. Simpel. Unaufgeregt. Eine Kindesentscheidung. Daran war wohl die Sonne schuld. Sie war sehr heiß, auch in den Abendstunden brach sie nur mehr Farben im Himmel, aber schwül und stickig blieb es allemal. Also mit dem Photoapparat Richtung Marktplatz.

Und da ich noch beschäftigt war, an meiner Nikon eine Einstellung zu finden, damit das Fokussieren nicht manuell, sondern automatisch sein sollte, merkte ich nicht, dass die Kuh die schräg links vor mir stand und mir ihr Hinterteil entgegenstreckte, gerade begonnen hatte zu pissen.
Ihr war es doch egal wer da hinter ihr rumlief, sicher aber war, dass es gezielt auf meine Sandalen runterprasselte.
Ich stutzte, grummelte vor mich hin, drehte mich noch mal um und schoss ein Photo. Sie hatte ungestört und seelenruhig begonnen im Müll nach Essbarem rumzusuchen und kümmerte sich keinen Deut um mein menschliches Allerweltsproblem. Sie war damit beschäftigt eine Plastiktüte zu mampfen.

Irgendwie war ich schon froh über den Umstand, dass ich meine Sandalen trug, die ließen sich besser waschen als die Schuhe. So weit also war es gekommen. Geduld wandelte sich an jenem Tag sogar in ein erweitertertes Erdulden: In Nachgiebigkeit feuchtfröhlichster Art, extremer Milde und Gelassenheit. Sandalen sind abwaschbar, und meine nunmehr nassen Füße ohnehin, wenn sie nicht sogar in der Luft von Tanjore getrocknet wären. Ich suchte trotzdem das Hotel auf, man kann nämlich auch alles übertreiben, dachte ich, mäßig belustigt. Ich wusch meine Füße und zog meine Schuhe an um erneut Richtung Marktplatz zu wandern. Die Sonne indes stand schon am Horizont.

Ein älterer, magerer Mann, dessen Brust, Kinn und Ohren mit weißen und grauen Haaren übersät war, wusch sich Oberkörper, Arme und Gesicht in einer Messing- oder Kupferschal, vor einem Textilgeschäft auf offener Straße. Zwei kleine Hühner verrannten sich zwischen seinen Beinen, daneben bot ein Mann einem Freund einen Chai an. Schräg über die Straße Arm in Arm laufend, eilten

zwei junge Burschen in Richtung Mobiltelefonladen.
Junge Männer, selbst Jungs im Kindesalter, gehen hier Arm in Arm, Hand in Hand; man legt dem Wertgeschätzten den Arm um die Schulter. Ich sah selbst solche, die sich am kleinen Finger gehalten haben. Ein Schelm wer Böses dabei denkt, denn in Indien ist es Tradition und Freundschaftsbeweis, wenn man sich so verhält. Man zeigt seine freundschaftliche Zusammengehörigkeit auf eine deutliche, körperliche Art. Für Westler bizarr und ungewohnt, stellt eine solche kameradschaftliche Geste bei uns immer direkt ein Bild von Homosexualität dar. Anders in Indien. Obwohl, geben wir es zu: Man kann diese Neigung auch gut als Freundschaft tarnen. Gerade hier. Aber nein, das ist wohl überwiegend nett gemeint. Freunde sind wichtig. Freunde und Familie sind hier alles. Daher telefonieren auch alle dauernd und ständig und wenn sie auch wenig haben, ein Mobiltelefon haben sie immer. Oder zwei. Die Mobiltelefongesellschaften machen in Indien unglaubliche Geschäfte. Es muss so sein. An jeder Straßenecke kann man sich ein Telefon kaufen, mit Sim-Karte, überall. Im

kleinsten Kaff hat man noch eine Chance einen Mobiltelefonvertrag abschließen zu können. Das meine ich nicht ironisch, es entspricht wirklich der Wahrheit.
Im indischen Fernsehen zeigen sie sogar eine Werbung, in der indische Straßen leergefegt sind und Männer nicht mehr mit ihren Frauen schlafen dürfen, weil alle zu beschäftigt sind mit dem Mobiltelefon Freunde und Familie anzuchatten. Der Mann versucht zwar seine Frau zu bezirzen, wird dann aber vom Bildschirm des Handys aus von der Schwiegermutter begrüßt. Damit ist die Stimmung dann gerade mal auf Null gesunken. Eingeblendet wird dann die Marke und der Bollywood-Schauspieler Abhishek Bachchan aus dem Film *Delhi-6* preist das „3G" an. So kann man auch Geburtenkontrolle erstellen. Interessant. Dazu noch eine skurrile Information: Ein Bericht der Vereinten Nationen bestätigt folgendes: 31% der Bevölkerung hat Zugang zu sanitären Anlagen, sprich Toiletten, 45% der indischen Masse besitzt aber ein Mobiltelefon. Ist das nicht verrückt?

Wo sie parken, wo sie gehen, wo sie stehen. Überall das gleiche Bild. Jeder scheint ein

Ziel zu haben, das gemächlich verfolgt wird. Einige gehen sicher nur um zu gehen. Da sind sie den Reisenden, die von weit her kommen, sehr ähnlich. Sie sehen bloß anders aus. Spannend auch: Die vielen Schulmädchen- und jungen in ihren Uniformen. Auf meiner Reise habe ich viele Uniformvarianten sehen können, jedes Dorf, jede Stadt hat eine andere. Man staunt unwillkürlich, denn sie sieht blitzblank und wunderschön aus. Die Jungs meist in klassischer Hose und Hemd, die Farbe abgewandelt. Die Mädchen etwas ausgefallener, oft auch farbiger, aber nicht zu viel. Aber das ist in der westlichen Welt nicht anders auf den Laufstegen. Für Frauen gibt es da immer mehr Spielraum.

Ich stand auf der Kreuzungsinsel und photographierte. Kinder winkten. Ich winkte zurück. Damit waren sie glücklich und sie konnten zuhause etwas erzählen.

Auf eine andere Straßenseite zu gelangen ist in Indien sehr abenteuerlich. Waghalsige Sprints sind notwendig, schnelle Entscheidungsgabe ein Geistesprivileg und die Beachtung des Linksverkehrs unabdingbar, sonst wird man schnell überrannt. Das Gehupe lärmte aber dermaßen symphonisch dass man

nicht mehr wusste, wer eigentlich hupte und damit machte es oft keinen Sinn mehr nur auf dieses zu achten. Geisterfahren gehört zum guten Ton. Wenn es nicht anders geht, oder es einfach der schnellere Weg ist, dann fährt man eben in den Gegenverkehr. Was bei uns zu Blutalkoholkontrolle und Bußgeld führen würde, führt in Indien noch nicht einmal zu einem Augenbrauenhochziehen. Ich fragte mich mehr als einmal, wie man hier Autofahren lernt. „Wo fahr ich hin?“ - „Egal, einfach los!“ - „Dahin?“ - „Ja, egal!“ - „Darf ich in der Kurve überholen?“ - „Ja, unbedingt, du musst, vergiß aber das Hupen nicht, Junge!“
So stell ich es mir vor, es wird wohl auch nicht anders sein.

Zufrieden, nicht überfahren worden zu sein und müde trat ich den Heimweg an. Etwas entspannen. Duschen. Und immer wieder die spannende Frage, die schon ein tägliches Spiel geworden war: Hab ich diesmal warmes Wasser? Ich hatte während meiner Indienreise insgesamt viermal warmes Wasser, wenn man lau dazuzählt...

An einem Stand kaufte ich ein Päckchen indischer „Gold Flake"-Zigaretten die Rajesh auch rauchte um sie mit ihm zu teilen.

Ich schlief unruhig, weil zu warm. Die Hitze war drückend, ich verzichtete auf die Klimaanlage. Mein Fehler. Klar. Trotzdem: Morgens war man etwas gerädert. Und ohne Ohrstöpsel ging es ohnehin nicht. Übrigens ein unverzichtbares Hilfsmittel. Sei es als Schutz vorm Gehupe, vor den morgendlichen Gebeten, vor allem vor dem lauten Gerede der Angestellten in den Hotels. Diskret ist anders. Denn all das hört man durch nicht ganz schließbare Fenster und Türen. Dicht ist auch anders. Offen zwar auch. Angelehnt ist das korrekte Wort für geschlossen.
Dann wieder warmes Kartoffelfrühstück. Man lächelte sich in den Tag hinein. Koffer packen, in das frisch gewaschene Auto einladen, mit Rajesh ein Ganesha-Ritual abhalten, was bedeutete, der Statuette einen Jasminkranz umzulegen, den obligatorischen Pulverstrich auf die Stirn zeichnend.
Und weiter.
Weiter nach Tiruchirappalli, vorher aber noch den Brahadeshvara-Tempel aus Granit

in Tanjore besichtigen. Mein Guide dort hieß Syiad und seines Zeichens mal nicht Hindu, sondern Moslem, was der ganzen Besichtigung eine multikulturelle und multireligiöse Patina verpasste. Ich freute mich, für ihn allerdings muss es hart gewesen sein, denn in dieser schwülen, stickigen Hitze Tempel zu erklären und den ganzen Tag weder einen Happen Essen, noch einen Tropfen Wasser zu sich nehmen zu dürfen, muss mehr als hart gewesen sein. Es war Ramadan, Fastenmonat für Moslems und für Syiad eine sichtbare Quälerei. Aber umso schlimmer es für ihn sei, grummelte er, desto glücklicher sei Allah mit ihm. Na dann. Damit konnte ich leben. Mein bärtiger, schwerer Erzähler zeigte mir die beeindruckende 66 Meter hohe Vimana (die höchste in ganz Indien!), darunter ein Ganeshatempelchen und den Baum der Wünsche. Ich könnte, so Syiad, unter diesem Baum beten. Ich fragte: Wofür? Und er meinte: Damit meine Familie gesund bleibe, oder um eine Frau zu kriegen. Ja, das waren zwei sehr gute Gründe und so verzog ich mich unter den Baum in die Stille. Tatsächlich betete ich, zu wem, unklar. Tat es dennoch. Und das mit ehrlicher Hingabe.

Ja, eine Freundin käme jetzt passend, dachte ich, nachdem ich für die Gesundheit meiner Liebsten gebetet hatte. Und ich schloss die Augen und vergaß alles um mich herum.
Es war bereits Nachmittag im 60 ha großen Tempelbezirk Ranganatha im Städtchen Srirangam, der Gott Vishnu gewidmet ist, als wir die große Säulenhalle erreichten. Dort lagen, standen, wanderten, schauten oder schliefen hunderte Menschen. Wahllos, neben einander, übereinander, oder machten dort ein Picknick mit kupfernen Töpfen und Schälchen. Ganze Großfamilien schienen hier zu warten, und während des Wartens ihre Hauptmahlzeiten zu sich nehmend. Sie warteten auf den Einlass ins Allerheiligste, in den Schrein des Vishnu. Kinder, Frauen und Männer mit zur Glatze geschorenen Köpfen strömten an mir vorbei. Ich saß auf den Stufen vor dem Sanctum und schaute. Ich suchte Schatten, denn wieder war es unmöglich mit den nackten Füßen zu große Strecken hinter mich zu bringen, obgleich man sich langsam daran gewöhnte, bzw. meine Fußsohlen.
Mittags saßen wir in der Halle der 1000 Säulen, die eigentlich nur aus 953 besteht, aber da will man nicht dran rummäkeln. Im Schat-

ten war es für Siyad angenehmer. Man sah ihm deutlich an, dass er richtig fertig war. Und wohl sehr hungrig und durstig. Ich sah davon ab, vor ihm zu trinken, war aber selber unglaublich durstig.

Das Hotel in Tiruchirappalli erweckte in mir eine Mischung aus verständnislosnahem Kopfschütteln, ausgewachsenem Ekel und hitzebedingtem Hinnehmen wobei sich die drei Empfindungen im Minutentakt was ihre Intensität anbelangte, abwechselten.
Das Zimmer war karg. Die Wände faulten und verpilzten vor sich hin, die Betten waren einer Gefängnispritsche näher als einem Bett, die Wanne bestach durch ihren eigenartigen Belag. Patina alter Herrenhäuser, wie es schien, denn als solches verkaufte sich das Hotel. Zumindest gab es lauwarmes Wasser. Ich war etwas überrascht. Das hatte ich nicht erwartet. Die Außenveranda, wie man sie in amerikanischen Motels aus Spielfilmen findet, war langgezogen und verband alle Zimmer dieses Stockwerks. Ich musste zugeben, das hatte Charme. Das Restaurant bestand aus einem nach außen verlagerten Essplatz mit vier Tischen, auf denen schmierige,

durchsichtige Plastikfolien darübergelegt waren. Ich fragte mich, was vor was geschützt werden sollte? Der Holztisch vor den schwitzenden Armen eines Gastes? Das „Restaurant" war von einer maroden Holzkonstruktion überdacht, die mit Stroh bedeckt war. Auch sehr charmant. Aber alt, wie ein Relikt aus der Hippiezeit in Goa. So zumindest hätte es gepasst. Ich war etwas unschlüssig, ob ich hier essen wollte. Aber der Hunger siegte, also aß ich. Die Karte, laminiert und kurz, zeigte zumindest billige Preise. Aber auch hier war ich uneinig, ob ich das als gut oder schlecht empfinden sollte.

Ich war müde, raffte mich jedoch auf, die Stadt nach dem Mahl zu erkunden. Ich musste endlich ein Internet-Café finden. Aber wie sucht man in einer fremden indischen Stadt ein Internet-Café? Ist das nicht schon von vornherein zum Scheitern verurteilt? Aber was sollte es? Ich hatte Zeit, ich war gesund, also: Photoapparat schultern, USB-Kabel in die Hosentasche und in die lärmende Straße hinein.

Stolz und überglücklich war ich, als ich wider jede Erwartung tatsächlich, versteckt in einem kellerartigen Geschäft eine solche

Kommunikationsmöglichkeit entdeckte. 10 Rupien für eine halbe Stunde. Aber ja doch. Ich hatte wieder Kontakt mit der westlichen Zivilisation, postete einige Bilder auf Facebook, schrieb einigen Freunden. Ich war glücklich. Aus zwei Gründen: Ich hatte Kontakt mit der heimatlichen Welt und keine Bauchschmerzen vom Essen. Das reichte allemal.

Tiruchirappalli, kurz Trichy genannt, ist eine wichtige Handelsstadt des Staates Tamil Nadu und nach einem Dämonen benannt, der durch Shiva Erlösung fand. Eine Dämonenstadt also. Aha. Langsam hatte auch ich das Gefühl Dämonen loszuwerden, die mich jeden Tag quälten. Hier verlor ich zusehends meine Zweifel und das Zögern und ließ mich fallen.

Abends saß ich wieder an einem der schmierigen Tische und aß. Wenn es mir mittags nichts ausgemacht hatte, dann wohl auch abends nicht. In meine einsame Lage brach dann zufällig ein Ehepaar samt dreier teils erwachsener Kinder hinein. Es stellt sich heraus, dass sie aus Frankreich stammten und dass die Mutter des Familienoberhauptes in der Luxemburger Gegend gelebt hatte.

Er lud mich an ihren Tisch ein. Er war hocherfreut und frischte sein luxemburgisches Vokabular auf. So saßen wir da, mitten in Südindien und parlierten eine Sprache, die weniger als eine halbe Million zu beherrschen weiß. Eigenartig. Skurril. Menschen die mich kennen, wissen, ich hätte gesagt: „Das ist strange".
Sie luden mich anschließend noch spontan dazu ein mit ihnen durch Trichy zu flanieren, zum Supermarkt und durch die Straßen. Ich mochte diese Familie sehr. Einige junge Tiruchirappallier fragten, ob ich mich für einige Photos bereitstellen würde. Aber ja. Einen indischen Jugendlichen rechts, einen links, grinsen. Und klick. Noch eins, als Absicherung. Die überglücklichen und stolzen Gesichter. Liebe Kerle. Nur weil ich weiß bin. Komisch. Daran konnte ich mich nie gewöhnen.
Zwei andere Jungs kreuzten meinen Weg, schauten mich an, riefen begeistert etwas auf Tamil, ihrer Heimatsprache und meinten dann: „I know you, I know you!" Ich war skeptisch und fragte natürlich woher sie mich denn zu kennen glauben. „You were in Tanjore today, I saw you in Tanjore."

Ich stutzte. Ja, konnte das denn sein? Der hatte mich im 60 Kilometer entfernten Tanjore gesehen, konnte mir sogar sagen welches T-Shirt ich trug und jetzt erkannte er mich nachts auf der Straße in Tiruchirappalli wieder? Unglaublich. Wieder Photos. Händeschütteln. Schulterklopfen. Abschied.
Ich war gerührt und müde. Adressentausch mit der Familie und die Zusage, man würde sich schreiben. Ein toller Tag. Ohne Licht saß ich noch einige Zeit auf der großen Veranda und rauchte bis zum Filter.
Zwei Zimmer weiter waren drei Polen eingezogen, ein Typ, zwei junge Frauen, Backpacker. Hatte sie am Mittag kurz begrüßt, Smalltalk, am Abend aber war mir selbst eine Unterhaltung zu stressig.
Ich war bereits so müde, dass ich schon zu träumen begann als ich noch da saß und in den Palmenhain unter mir blickte und den eigenartigen Tiergeräuschen horchte. Der Haushund bellte nicht einmal. Ich freute mich auf die kommende Stadt: Madurai.

## *KAPITEL 5: Vom Rooftop Restaurant in einer Sternennacht auf den Rücken eines Elefanten*

Es gibt nicht viele Städte die einen derart mit Leben beseelen wie Madurai, Mumbai natürlich ausgenommen. Es gibt allerdings dafür keinen erklärbaren Grund, nur eines war sicher: Hier war alles intensiver, kranker, am Scheideweg zwischen Alltagsleben und Hölle. Madurais Meenakshitempel bildet die Mitte der Stadt. Um ihn herum ist die Stadt wie ein Mandala erbaut worden. Die Straßenküchen drängten sich dichter aneinander als sonstwo und waren offensichtlich noch heruntergekommener als in den Städten zuvor. Es stank eindringlicher nach Kot, Urin und Abfall, mehr Hunde streiften umher.

Mehr Bettler, mehr Amputierte, mehr Menschen mit verfaulten, schwarzen Zähnen. Das Hotel allerdings war in Ordnung. Der Balkon im vierten Stock zeigte auf eine abends vielbefahrene, herabgekommene Seitenstraße. Die optische Präsentation nach Sonnenuntergang empfand ich unschlüssigerweise wechselnd zwischen Rotlichtmilieu und Großstadtromantik, wenn auch auf morbide Weise.

Das Problem oder die Gunst hier ist folgendes: Immer und überall ist jemand, nie ist man alleine, außer im Hotelzimmer. Und das mag man dann auch nicht. Warum? Weil abgeschottet vom Leben. Weil langweilig. Weil sich dort draußen das Leben ereignet. Ging man auf die Straße war da schon der Wachmann vom Hotel, der eigentlich nichts zu tun hatte. Die haben nie etwas zu tun. Und sind meistens sehr alt. Warum sind sie da? Weil es was hermacht. Aber sie haben keinen dringlichen Zweck, genauso wenig wie die Unmenge von Kontrolleuren, die man zwischen Check-In und Boarding antrifft. Jeder, aber auch wirklich jeder kontrolliert deinen Pass. Nach dem Check-In einer, zwei weitere am

Security-Check, einer davor, einer danach. Am Boarding-Schalter dann nochmal einer ohne und einer mit Security-Check des Handgepäcks. Warum? Haben die Inder Angst, man hätte in Zwischenzeit eine Bombe gebastelt? Oder seine Identität gewechselt? Der Witz: Vor dem Boarding wird der Pass überprüft, geht dann durch den Tunnel und einen Meter bevor man das Flugzeug betritt, wird er ein letztes Mal begutachtet. Haben Sie mitgezählt wie viele das waren? Das ist nicht nur Unsinn, das ist Schwachsinn. Es dauerte lange bis sich der Sinn herausschälte: Es soll überhaupt keinen Sinn machen, es soll nur so aussehen als hätten die Beamten etwas zu tun. Das ist Beschäftigungstherapie allerhöchster Güte. Es gibt einfach sehr viele Inder und jeder möchte Arbeit. Sehen wir die positive Seite: Japaner würden sagen, es sei Zen, Tun im Nichtstun.

An jenem Tag besuchte ich erst einmal den bedeutenden und wunderschönen Meenakshi-Sundareshvara-Tempel. Es ist *der* Tempel der Wallfahrt in Südindien und ich ließ mir sagen, man solle Tamil Nadu nicht verlassen ohne dieses Heiligtum gesehen zu haben. Es war brütend heiß, fast unlebbar, und es war Mittag. Man suchte jeden Pfeilerschatten, jedes Tempeldach, selbst der Schatten eines Elefanten kam wie gerufen. Das Bisleri-Wasser aus den Flaschen floss nur so in mich hinein, und sofort aus den Poren wieder hinaus.

Vielleicht, und ich muss es auf diese dauernde Ent- und Bewässerung meines Körpers schieben, war deshalb eine meiner Gedankengänge der folgende: Meenakshi ist wiederum eine Erscheinungsform der Parvati, wie so viele. Im Zweifelsfalle also rät man nie schlecht, wenn man eine Göttin als Inkarnation von Shivas Frau einschätzt. Meenakshi, die Fischäugige, wurde in diesem Tempel mit Shiva verheiratet. Soweit, so gut. Allerdings, so die Mythologie, besaß sie drei Brüste, eine davon verschwand aber, als sie Shiva ehelichte. Man fragt sich warum.

Profan gesehen fragt man sich aber auch, auf welche Ideen Inder kommen, denn dass Sexualität nur mehr öffentlich auf Tempeln eingraviert, im öffentlichen Leben aber verpönte und unterdrückte Kraft ist, ist nun einmal einfach Wirklichkeit und Wahrheit zugleich. Die Verehrung von Göttinnen mit drei Brüsten und die Verherrlichung von Lingams, also Penissen, in den meisten Tempeln, noch dazu in Metergröße, oder in Hundertschaften, zeigt zwar eine Verwurzelung in einer symbolischen Grundhaltung, aber soziologisch gesehen ist es schon eine an Schizophrenie grenzende Merkwürdigkeit, dass allerorten zwar Lingams und Yonis, also Vaginas, verherrlicht werden, Sex aber dennoch ein Tabu ist. Aber wie kam das?

Die freie Sexualität und Erotik ist nicht vom Westen initiiert, sondern typisch indisch, leider aber auch längst vergangen. Vom 3. bis zum 12. Jht. war das Kamasutra und alles damit Verbundene durchaus dominant, daneben existierte dann die Tradition der Askese. Erst nach dem 12. Jht. wurde das Asketentum deutlich stärker. Den Genickschlag erlitten Sexualität und Erotik aber vor über 200 Jahren letztlich durch die Prüderie britischer Kolonialmacht und deren viktorianischen Moralvorstellungen. Die Prüderie blieb, auch wenn die Briten 1947 Indien verließen. Und man muß es zugeben: In den großen Städten Indiens, die sich der Globalisierung auch lebenstechnisch öffnen, ist die Entwicklung zu einem freieren Umgang mit

Sex deutlich angestiegen. In den Dörfern hingegen ist alles immer noch sehr fromm, wenn auch gezwungen und man muß zugeben: oft bloß offiziell. Folgen der unterdrückten Triebnatürlichkeit ist dann so etwas wie folgendes, das ich in der *Bombay Times* während meines Aufenthalts in Mumbai gelesen habe: Da sind drei Männer angeklagt, weil sie ein junges Mädchen belästigt haben, sie solle mit ihnen Verkehr haben. Als sie diesem Wunsch (natürlich) nicht entsprach, wandte sie sich an die Familie. Doch die Familie reagierte nicht. Tags drauf bekam sie erneut Besuch von den drei Herren, die das Mädchen kurzerhand mit Benzin übergossen und anzündeten.
Man lasse diese traurige Anekdote hier unkommentiert.

An jenem Nachmittag zeigte mir mein dortiger Guide Vasikaran die prächtigen, farbigen Deckenmandalas und die Hintergründe der korrekt angewandten Ganeshärituale. Die Haupttürme des Tempels ragen etwa 50 Meter in den Himmel und sind mit Tausenden farbigen Figuren geschmückt. Der Tempel ist derart groß, dass er fast wie ein Labyrinth

wirkt. In dem dunklen Haupttempel beteten Frauen in Saris, pappten Ghee und Öl an die Statuen, die mit teuren Textilien behangen waren. Ihre Kinder standen daneben und blickten ehrfurchtsvoll oder verloren auf die Plastiken. Ihre dunklen Kulleraugen.
Etwas abgelegen in dunklen Nischen hausen Fledermäuse.
Vasikaran ging manchmal etwas abseits, betete ebenso wie die meisten an manchen Stellen, denn er war auch Hindu. Ich ließ ihn gewähren, genoss die Stille und hörte den murmelnden Anrufungen zu, die aus allen Ecken zu mir vordrangen. Die Atmosphäre war beeindruckend sakral obwohl es vor Menschen nur so wimmelte.

Am späten Nachmittag erkundete ich Madurai auf eigene Faust. Ich lief an Alkoholgeschäften vorbei, an Elektronikwarenhändlern, Straßenküchen.
Alles war noch dichter an- und ineinandergedrängt als anderswo, aber auch hier das bekannte Bild: Lebendigkeit, in ihrer gesamten Form. Ein Mann kam auch mich zu und flüsterte: „You want some Marihuana?“ Ich verneinte. Tipp: Lassen Sie in Indien auf je-

den Fall die Finger davon, es bringt ihnen nur Probleme. Ansonsten: Alles in allem ganz nett.
Hier sah ich zum ersten mal andere Reisende westlicher Herkunft, mit Rucksack und ebenso staunend wie ich, als sie die kleinen Gässelchen bewanderten. Traurigkeit übermannte mich als ich in einer Seitengasse, in der Menschenleere herrschte, ein Kälbchen ohne Muttertier sah, das an einen Elektrizitätsmast angebunden war und einen Radius von knapp zwei Metern Lebensraum erhalten hatte und zitternd mit geducktem Kopf über die Steine und den Dreck schnupperte. Es gab kein Gras, keinen einzigen Halm und kein Wasser für dieses beklagenswerte Wesen. Wie grausam sind Menschen?

Im Herzen gerührt und demütig verweilte ich im Gandhi Museum. Dort, hinter Glas, liegen und hängen die Habseligkeiten dieser großen Seele. Seine Brille mit den runden Gläsern, seine Essschale, seine Decke, seine Sandalen die ihn durch so weite Teile Indiens begleitet haben. Aber eines überwältigte mich besonders: Das weiße Leinengewand das er trug als er erschossen wurde. Hinter Glas. Andächtig betrachtete man das mit seinem Blut getränkte Stückchen Stoff... Man spürt noch heute die Präsenz des großen Mahatma den ich in meiner Jugend sehr verehrte.

Am Abend saß ich im Surya-Rooftop-Restaurant meines Hotels über den Dächern Madurais und sah mir die Sterne an. Ein großartiger Blick eröffnete sich mir hier ganz oben. Die Stadt lag einem zu Füßen und je dunkler es wurde, desto mehr Lichter konnte man über der Metropole funkeln sehen. Ich redete mit den Kellnern, die zu zehnt um mich rumstanden und wir lachten und tauschten Informationen aus. „Where are you from?“ und so weiter. Das übliche Spiel.
Schräg hinter mir saß ein englisch-spanisches Paar, welches aber englisch miteinander sprach und er meinte: „Look at the sky and the lights of the town. It´s like a box of juwels!“
Ob er das nur sagte um das schöne Mädel rumzukriegen? Aber er hatte nicht Unrecht, es war wirklich so. Es stimmte. Und darüber hinaus: Es wäre toll gewesen diesen Moment mit einer Frau zu teilen. Aber ich war alleine.

Hier wurde es mir schlagartig bewusst und es erfüllte mich mit einer gewissen Traurigkeit.

Ich aß mein Nan-Brot und mein Aloo Gobi Masala, verließ die Terrasse irgendwann und machte es mir auf dem Zimmerbalkon gemütlich um die laue Luft noch etwas zu genießen. Die Straße erglühte in matten gelbroten Farben, Jugendliche auf lauten Mopeds rasten unter mir vorbei. Sie alle drängten Richtung Zentrum. Rajesh lief gedankenversunken in ein Gespräch mit seinem Mobiltelefon am Ohr die Straße entlang und ich schaute ihm zu. Ich konnte ihn vom Balkon aus beobachten. Er hatte mir von seiner Freundin erzählt, die er liebt und die ihn auch liebt, die er aber nicht heiraten könne, weil er als Fahrer nicht das nötige Geld habe. Vielleicht in zwei, drei Jahren, meinte er. Sie sei jedoch einem anderen versprochen und sie würde in drei Monaten verheirat. Man könne da nix machen. Er schien es gelassen zu nehmen, aber das kaufte ich ihm nicht ab. So etwas kann man nicht so auf die leichte Schulter nehmen. Tragisch und traurig. Eine wahre Bollywood-Story. Also begnügten sie sich damit Kurzmitteilungen zu senden und

wenn möglich, zu telefonieren, geheim natürlich.
Ich erinnerte mich daran, dass er mir einmal während unserer langen Autofahrten sagte: „You have good karma, you are lucky."
Ich fragte warum, und er meinte, da ich in einem westlichen Land aufgewachsen sei, egal was sonst noch passiere, sei dies schon eine Gunst des Lebens und weise auf mein gutes Karma hin. Desweiteren meinte er dann, da ich auch noch Vegetarier sei, wäre ich ein glücklicher und gesegneter Mensch.
Ja, so konnte man es auch sehen.

Am nächsten Morgen, nach einigen Photos mit kleinen indischen Kindern, deren Mutter sie geduldig und strahlend gewähren ließ, fuhren Rajesh und ich weiter in westliche Richtung. Die trockenen, brütend heißen Städte des Tamil Nadu würden wir nun verlassen und auf die Gebirge zusteuern. Oben in den Staat Kerala gelangen.
Die Vegetation änderte sich, wir fuhren an grünen, üppigen Reisfeldern vorbei und es wurde merklich kühler. Hinter abbruchreifen, verlassenen kleinen Häuschen ragten manchmal die bunten Götterfiguren oder

Tempelchen hervor, wie dahingestellt für niemanden. Frauen schleppten Steine, Männer saßen rum und warteten. Auf was?
Die Speedbreaker, die im Abstand von etwas mehr als hundert Metern den Straßenbelag dekorierten zwangen uns ständig abzubremsen. Es verlängerte den Weg ungemein.
Die gewundenen, sich in tropischem Waldwuchs hoch schlängelnden Straßen wurden zu einem Bäumchenwechseldich-spielchen mit anderen Autos, Karren, Bussen und Lastern, da auch in Kurven überholt wurde, ob man nun die Straße sehen konnte oder nicht. Das fledermausartige Echolot Indiens, das dauernde Hupen war ja Zeichen genug. Man hupte um zu sagen: Hier bin ich. Man hupte um zu sagen: Ich seh dich. Man hupte um zu sagen: Pass auf. Überhol mich. Oder ähnliches.
Hupen war wie Reden. Man redete dauernd.
Affen liefen über die Straße, huschten zwischen den lärmenden und überholenden Autos hindurch oder saßen am Straßenrand auf den Mäuerchen und betrachteten den Verkehr.
Ausweichen konnte man nicht, eher hupte man hundertmal. Mehr als einmal konnte Ra-

jesh den Wagen gerade noch hinter einen Laster lenken um einen Zusammenstoß zu vermeiden. Dann blickte er zu seiner kleinen goldenen Ganeshastatuette in der Mitte der Fahrerkonsole, verdrehte die Augen und wir lachten.

Es macht den Anschein als würde Indien hier oben aufatmen, als hätte man sich befreiend erhoben um über den trockenen und stickigen Städten das Chaos teilweise hinter sich zu lassen, als streifte man eine verschwitzte Haut ab und würde in einem abgeschotteten, stillen Ort wiedergeboren. Die Vögel zwitscherten anders, die Abwesenheit des dröhnenden Verkehrs verstörte anfangs mehr, als dass es mich erfreute, bis mir bewusst wurde was anders war. Die Atmosphäre war friedlicher, Wolken zogen durch die Bergdschungellandschaft der Kardamomberge und aus dem Tigerreservat drangen unbekannte Geräusche an mein Ohr. Es war kühl. Die Grenzzollstation an der Schnittstelle von Tamil Nadu nach Kerala bestand aus einer Baracke aus zerfledderten Steinbauten. Ich stand am Auto angelehnt und rauchte. Die Polizisten und die Grenzzollwächter, sicher-

lich dreißig an der Zahl, trugen Gewehre, als wäre es ihr letztes Hab und Gut. Die Uniformen waren ihnen allesamt zu groß, wie eingesunken standen sie da und redeten. Ihre missmutigen Gesichter starrten auf jedes Auto das hier passierte und ich lächelte. Tatsächlich lächelte jemand zurück. Rajesh war weg. Papierzeugs. Ich sollte warten. Langsam fraß sich die Kälte durch meine noch sonnengetränkten Kleider, und ja, es war nicht nur kühl, es war verdammt kalt hier oben. Damit hatte ich nicht gerechnet.
Aus Neugier, Vorsicht, Pflichterfüllung oder was auch immer, näherte sich ein Grenzwachmann und fragte mich in Englisch mit starkem indischem Akzent: „You alone?“ – Me and my driver“ – No one else?“ - „No“.
Warum wunderte man sich dass ich alleine reise? Trauen Sie einem Europäer so etwas nicht zu oder sind sie skeptisch, und fragen sich ob da was im Busch ist?

Eine Stunde später checkte ich ein.

Wieder eine Stunde später erging ich mich in dem Gewürzgarten, in dem alle erdenklichen Gewürzsträucher, -bäume und sonstige sel-

tene Früchte wachsen. Wussten Sie dass Vanille eine Orchideenart ist? Dass Pfeffer in Rispenform wächst? Dass die strahlend magentafarbene Puderquastenstrauchblüte nur einen Tag im Jahr blüht? Ich wusste es auch nicht. Auf dem Rücken eines majestätischen Elefanten fand ich mich noch mal eine Stunde später wieder und ließ mich durch den Spice Garden von Periyar tragen. Was für eine Kraft so ein Tier besitzt und zugleich mit einer so zaghaften und inneren Ruhe seine Bewegungen ausführt, wie tausendemal zuvor. Ich genoss mehr den Ritt als die Landschaft. Dafür hatte ich noch genug Zeit. Jetzt war da nur der Elefant und ich.
Und wieder, wie schon in Pondicherry, spürte ich die tiefe Ruhe in mir, das Geschehenlassen und das Fallenlassen in das was ist. Wie es war, war es gut. Es sollte nie anders sein.

Der Abend gestaltete sich demgegenüber etwas hektischer. Ich hatte Karten reserviert für 18 Uhr. Eine Vorführung indischer Kampfkunft, Kalarippayattu genannt, um 19 Uhr Kathakali-Theater, um 20 Uhr meine Abhyanga-Ayurvedamassage. Davor war keine Zeit für Dinner. Es nieselte leicht als ich die Kampfkunstarena verließ und eigentlich hatte das Kathakali schon begonnen als ich über die einzige Hauptstraße ins Unbekannte lief. Man hatte mir angedeutet, der Vorführraum wäre „dort hinten“ und man zeigte in eine Richtung. Also gut, ich ging, ich ging und da war nichts. Es regnete stärker und es war kalt. Ein junger indischer Motorradfahrer fragte wo ich denn hinlaufe. Ich sagte, ich hätte keine Ahnung, ich wolle zum Kathakali. Er meinte, ich solle mich hinten auf sein Mottorrad setzen, mich festhalten, er würde mich dahinfahren.

Also fuhr er mich über brackige, unebene Schlammstraßen bis zum Kathakali und ich kam nebenbei noch in den Genuß einer sportlichen Fahrweise. Nette Hilfe. Ich mochte diese indische Spontaneität.

Ich bin eigentlich immer neugierig und interessiert wenn es um kulturelle Vorführungen, um spannende Inhalte oder Menschen geht. Aber mit Kathakali konnte und kann ich nichts anfangen. Warum dachte ich auch an heiße Tempeltänzerinnen? Mein Kopf, bzw. mein Unterbewußtsein hatte kurzerhand entschlossen, Kathakali durch Bharata Natyam zu ersetzen. Also spukten schöne Tänzerinnen durch mein Bewusstsein, und keine zwei Männer, deren fetten beängstigenden Gesichter mit schillernden Farben bemalt waren und indische Trachten trugen, die mehr als gewöhnungsbedürftig waren. Zu allem Überfluss war ja einer der beiden Männer als Frau verkleidet, und das Rollen der Augen, das die Beherrschung jedes Winkels im Gesicht zeigen sollte, fügte mir nur empathische Augenschmerzen zu. Nein, damit konnte ich mich nicht anfreunden. Ich saß da und trotz größter Anstrengung blieb ich frei von jeglicher Erkenntnis, jeglichem Sinnempfinden. Ich verstand nicht, was da vor sich ging. Und auch ästhetisch war es für mich eine Randerscheinung. Ich denke das ist das Einzige in Indien das ich weder innerlich verstand, noch äußerlich schön fand. Nicht einmal ansatzweise.

Ich verließ die Vorstellung frühzeitig, orderte eine Autoriksha, die mich durch den nun strömenden Regen zur Hauptstraße fuhr.

Im Regen stand Rajesh der mit Einwohnern redete. Er war etwas angeheitert, hatte er mir doch am Mittag noch gesagt, da es so kalt sei, und er ja im Auto übernachte (was er übri-

gens jede Nacht tat), habe er nun einen Whisky getrunken um sich innerlich aufzuheizen. Ich hatte mehr als Verständnis und meinte, ich müsste jetzt dringend zur Ayurvedamassage weiter. Er begleitete mich dann doch und bot mir noch eine Zigarette an.
Die Ayurvedamassage war zum Ausklang des Abends ideal. Alles vorher Passierte war irgendwann vergessen, als ich mehr als halbnackt auf der Bahre lag und mit duftenden Ölen eingerieben wurde.
Einen Wermutstropfen gab es trotzdem. Warum musste mir der Inhaber, der Arzt Vijay die Massage verpassen, warum nicht die süße indische junge Frau die hier arbeitete? Klar, ich wusste um die tradionelle Handhabung dieser Dinge, aber dennoch. Schade drum. Nach der Massage, als ich im Dampfbadraum gesessen hatte und aus der Holzkonstruktion nur mein Kopf herausragte, erzählte Vijay von seinem Leben. Sein Meister und Lehrer sei ein Jahr zuvor gestorben. Ganz plötzlich, mit 35 Jahren. Er hätte Diabetes gehabt und Vijay hätte ihn oftmals gewarnt, er müsste auf sich achten. Ich dachte: Ein Ayurvedalehrer der mit 35 Jahren stirbt? Seltsam. Werbungstechnisch. Wir

lachten, tauschten Lebensinhalte aus, sprachen über Yoga. „Are you doing Yoga?" fragte er, und bejahte: „Sometimes". –„I thought so, your stomach shows it" –„Does it?" – „How old are you?" fragte er. Ich sagte „Guess!" – „25, perhaps 28?" meinte er.
Ich war glücklich. Mit fünfzehn ist man froh älter geschätzt zu werden, nach dreißig jünger. Wir lachten wieder. In Wirklichkeit ist es aber auch nicht von Belang.
Ich traute mich folgende Unverschämtheit in die Welt zu setzen: „It´s a pity that the woman didn´t the massage." Vijay schüttelte sich überraschenderweise vor Lachen, beugte sich zu mir hinunter und flüsterte: „Yes, she would have done it."
Ich war durcheinander. Ja, sagte er mir, als ich am Mittag für die Anmeldung dagewesen wäre, hätte sie zu Vijay gesagt, sie würde es gerne tun, dürfe aber leider nicht. Aber sie hätte liebend gern die Massage übernommen. Ich muss glücklich ausgesehen haben, Vijays Augen glänzten vor Freude. Tja, viel hatte ich letztenendes nicht davon, aber der Gedanke wärmte meine Seele. Vijay massierte nach dem Dampfbad noch meinen Kopf mit wunderbarem Öl. Dann redeten wir noch im

Flur, ich war der letzte Gast. Es war zehn Uhr abends und die süße Inderin stand in der Tür und lächelte. Ihre Augen blitzten. Hätte sie gewusst dass ich wusste....ach...aber sie konnte es sich denken, oder?
Ich verabschiedete mich. Sie winkte.
Und schon stand ich draußen in der Nacht. Es nieselte und ich ging zu Fuß zum Hotel.
Ich war müde. Das Hotelzimmer war hell, freundlich, gepflegt und sauber. Ich würde gut schlafen, dachte ich.
Ich träumte von der süßen jungen Inderin, wie sie einen Tempeltanz aufführte. So kam ich doch noch in den Genuß eines traumwandlerischen Bharata Natyam.

Abbildung 2: Handymania, selbst in den Slums

Abbildung 3: Anbetung der Gottheit in Chidambaram

Abbildung 4: Vor dem Tempel in Mahabalipuram

**Abbildung 5: Shiva in seiner Nataraja-Form, dem kosmischen Tänzer**

**Abbildung 6: Waschtag in Trichy**

**Abbildung 7: Meenakshitempel in Madurai**

**Abbildung 8: Gott Ganesha im Meenakshitempel in Madurai**

Abbildung 9: Der Autor auf dem Elefanten in Periyar

Abbildung 10: Teeauslese in Coonoor/Ooty

**Abbildung 11: Lingamreihe im Tempelbezirk von Tanjore**

**Abbildung 12: Shiva und Parvati an der Außenwand des Halebidtempels**

Abbildung 13: Nandibulle am Chamundi-Hill / Mysore

**Abbildung 14: Die Jainstatue auf dem hl. Berg in Shravana Belagola**

Abbildung 15: Die Dhobi Ghat Wäscherei in Mumbai

## *KAPITEL 6: Überschwemmtes Niemandsland Backwaters und spontane Pläne*

Hätte ich gewusst was in den Tagen nach Periyar auf mich warten würde, ich hätte die vorgeplante Route sofort über den Haufen geworfen und eine gänzlich andere entworfen, so aber fügte sich eins ans andere und stellte meine Geduld auf die Probe, meine Zweifel zuerst in den Schatten, brachte diese aber schnell und unerbittlich derart in den Vordergrund dass nur etwas zu tun war: zu handeln. Und zwar schleunigst. Manchmal wird man mit einem Erleben konfrontiert, da weiß man sofort: Das ist gut, das fühlt sich toll an. Die andere Seite davon ist: Instinktiver Rückzug, sofortige Alternative ausdenken, bevor es zu großen Schaden anrichtet. Als ich in Periyar erwachte, war ich gerädert und hatte Halsschmerzen. Ich kenne meinen Körper. Ich weiß wie sich so etwas weiterentwickelt. Nach Halsschmerzen kommt Schnupfen, danach Husten. Ich dachte, nun gut, wenn ich jetzt die Kälte verlasse, kann es nur besser werden. Auf dem Weg durch die Western Ghats hinunter ins Tal eröffneten sich mir die großartigen grünen Berge, ihre mit Teeplantagen bedeckten Flächen, beidseitig und einzigartig in ihrer Anordnung grüner Schattierungen. Der morgendliche Nebel wischte einige Bergzüge hinweg und ich genoss die Aussicht wie ein kleines Kind. Auf halber Strecke nach unten, machten wir eine Pause. Wir spielten „Catch-the-cow“, denn eine einsame hinauf wandernde Kuh lief mutterseelenalleine über die Straße nach oben. Wir versuchten sie zu fangen. Vorbeifahrende müssen wohl geglaubt haben, wir wären zwei Irre. Aber uns machte es Spaß. Rajesh rauchte.

Je weiter ich wieder ins Tal gelangte, desto wärmer wurde es wieder, aber leider nicht

trockener. Wir waren nun westlich der Western Ghats und das Sumpfgebiet Keralas, die Backwaters waren bald in Sicht, nachdem wir durch Kottayam getuckert waren.
Irgendwann begann es zu regnen, die Scheibenwischer schoben immer mehr Wasser zur Seite, die Luft wurde feucht und dumpf. Das Grün verwässerte sich in seine Komponenten Moosgrün, Farngrün, Gelbgrün, Pastellgrün, dreckiges Braungrün. Der Monsun vor dem wir bislang erfolgreich entkommen waren, erreichte uns nun mit ganzer Härte. Das Wasser in den Straßen, anfangs nur ein Rinnsaal, verwandelte sich in einen reißenden Bach. Es stand in den Häusern am Wegesrand, durchtränkte selbst die kleinsten Hütten, verband die Straße mit dem Allerlei des Wegesrandes.
Dennoch: Die Menschen wateten mit aller Geistesruhe und Gelassenheit durch das trübe graubraune Wasser. Wassergischt spritzte an den Seiten der vor uns fahrenden Autos hervor. Ich muss besorgt ausgesehen haben. Rajesh telefonierte bereits mit dem Inhaber des Hotels in Komarakom in den Backwaters. Als er aufgelegt hatte, meinte er kurz

und wie beiläufig: „He says, the hotel is under water".
Bitte was? Ja, ich hatte richtig gehört. Das Hotel stand unter Wasser. Allerdings sollte ich es mir trotzdem mal ansehen. Ob es mir zusagen würde. Gut.
Nachdem wir uns in dieser Sintflut verfahren hatten, fanden wir zum Resort, stiegen aus.
Ein Hotelgehilfe stand oben an der Straße und zeigte auf einen reißenden, braunen Fluß, in dem hinter Palmen Menschen durchwateten. Er meinte: „Sie gehen einfach da durch und sehen es sich an, ok?"
Ich wusste nicht ob ich ihn richtig verstanden hatte und fagte nach: „Da durch?"
-„Ja" war die Antwort, als hätte ich etwas gänzlich anderes gefragt und er schob hinterher: „Das Wasser war gestern noch nicht da, ist aber auch morgen wieder weg."
Aha. Sollte mich das etwa beruhigen? Es glauben? Ich sagte etwas forsch: „Holen Sie den Chef."
Einige Minuten später stand auch dieser auf der Lichtung und erzählte mir die Kopie dessen was der Angestellte mir bereits mitgeteilt hatte. Ich sagte: „Nein, ich lauf da nicht durch. Und ich sage ihnen auch warum. Ich

habe Blasen an den Füßen, die ich heute morgen erst aufgestochen habe. Ich lauf doch so nicht durch diese Brühe!"
Er zickte etwas rum. Das war mir egal.
Dann lenkte er ein und meinte er organisiere ein anderes Hotel, er müsse aber selber dann drauflegen, würde Verlust machen. Ich meinte: Fein. Selbst Rajesh schüttelte den Kopf.
Wir fuhren weiter. Die Luft war feucht, meine Nase zu.
Sozial gesehen war das neue Hotel isoliert, verbindungslos zu jeglichem Leben und abgesondert von Zeit und Raum. Optisch waren die kleinen Häuschen die ein Gast bewohnen konnte einfach nur traumhaft. Jeder für sich. Insgesamt drei Häuschen. Aber nur optisch. Und ich war der einzige Gast, sicher seit Monaten. Ein Kiesweg führte zwischen botanischer Vielfalt vorbei, Heuschrecken zirpten, Vögel zwitscherten in unbekannter Buntheit. Eine schwere Holzdoppeltür wurde von einem kunstvoll verschnörkelten Messingschloß und einem großen, alten Schlüssel verschlossen. Es sah aus, als hätte man mich nach Bali in den Film *EatPrayLove* verfrachtet. So weit, so schön. Aber so ist es oft: Die Optik ist schön, das Erleben aber

trennt die Spreu vom Weizen. Das ist so mit den Häuschen, das ist so mit Frauen. Man muss es erleben um sich ein Bild zu machen. Drinnen roch es modrig und das Zimmer war siffig und feucht. Alle Moskitos die ich in den Tagen vorher nicht gesehen hatte, schienen sich nun hier alle versammelt zu haben. Nun, denn. Geplant war zwei Nächte hier zu bleiben, doch das war Niemandsland, hier gab es nix und niemanden. Kein öffentliches Leben. Ich lief die Straße nach links, ich lief die Straße nach rechts ab. Eine Frau verkaufte Fische am Straßenrand.
Kinder guckten neugierig. Männer standen rum, und schienen zu warten. Auf was? Das war alles an Geschäftigkeit in dieser Einöde. Eine verlassene, abgewrackte Bushaltestelle. Ein Backwaterfluß, braun und schlierig verging im feuchten Hintergrund eines braungrünen Horizonts. Es nieselte. Trostloses Backwater, trostloses Kumarakom. Einsam. Nirgendwo sonst erlebte ich diese Aussichtslosigkeit der hier wohnenden Menschen. Man hatte mir gesagt die Backwaters seien wunderschön. Wie konnte das sein? In der Hochsaison im November? Womöglich. Jetzt? Untröstlich, betrüblich. Jedes Leben

hier stand auf Stand-By, auf ein Minimum an Lebendigkeit zurückgeschraubt. Stillstand und reines Gären wilder Naturfruchtbarkeit.

Mein Entschluss: Keine zwei Nächte hierbleiben. Ich setzte mich auf die Veranda, studierte meinen Reiseatlas und die Routenkarten. Als die Idee zu einem Plan gereift war und ich einen Monsunregen abgewartet hatte, der wie Seile aus dem grauen Himmel hinunterkam, stapfte ich durch den Kieselweg zu Rajesh. Der döste im Auto.
Mit ihm zurück auf der Veranda, erzählte ich ihm von meinem Plan. „Do you wanna stay here?“ Er schüttelte den Kopf: Nein. Fein, dann waren wir zu zweit. Wir telefonierten rum, und am Ende der Planung stand fest: Wir würden am folgenden Tag abfahren. Nach Cochin. Dann eben drei Nächte Cochin, statt zwei. Ich meditierte etwas, doch der Schnupfen versagte mir jede innere Stille. Draußen etwas sitzen, dösen. Musikhören. Michael Bublés „Lost“. Ja toll. Dann doch lieber etwas Anoushka Shankar und Sitar. Die Postkartenidylle eines strohbedeckten Kahns, der mich durch das Venedig Indiens fahren sollte, war nur mehr ein Schatten der

Möglichkeit. Ich wollte hier nichts mehr machen. Ich war fertig mit Kumarakom und Kumarakom war fertig mit mir. Ich suchte das einzige Restaurant auf, das geöffnet hatte. Es gehörte zum Resort. Ich stellte mich auf sehr wenig ein. Der Begriff „Restaurant“ war auch etwas hochgegriffen. Etwas? „Absteige“ wäre noch Lobhudelei. Die Speisekarte war versifft, das vegetarische Essen mehr als grenzwertig.
Drei Männer die zum Lokal gehörten schauten sich seelenruhig eine indische Soap an. Laut. Sehr laut. Ansonsten nichts außer die orangefarbenen Geckos mit transparenter Haut die über mir über die Decke krochen. Haben Sie Cola? Nein. Haben Sie Wein? Nein. Haben Sie Bier? Nein. Ich bekam Leitungswasser. Irgendetwas Schlieriges schwamm darin. Nein, das würde ich nicht anfassen.
Eine Familie aus Amerika hatte sich an dem Abend hierhin verlaufen. Drei Kinder, Jugendliche. Irgendwann begannen sie mit dem Koch zu streiten: Die Hähnchenschenkel seien kalt, das sei ungesund und verantwortungslos. Mein Essen war eine interessante Erfahrung. Das Gemüse hatte die Konsistenz

von Gummi und schmeckte irgendwie chinesisch, nicht indisch. Entweder Gemüse ist noch knackig bissfest oder eben total durch und matschig, aber gummiartig? Zu allem Überfluss schwammen in der Soße eine lebende und zwei tote Ameisen rum. Ein Glück dass ich Vegetarier bin, doch da wurde die Grenzerfahrung selbst für Fleischesser zu intensiv und schrammte meterlang an der Ekelgrenze entlang. Angewidert verließ ich das Lokal. Und eigentlich war ich mehr müde als angeekelt. Ich wollte nur noch schlafen. Es gab nichts mehr zu tun.

Doch in der Nacht fraßen mich die unzähligen Moskitos; Schnupfen und Husten lieferten ihr Äußerstes. Zwei Geckos (dieselben?) liefen die ganze Nacht über das Bettgestell und die Holzdecke. Ich machte fast kein Auge zu. Ich durchdachte die Optionen. Option A: Durchhalten und versuchen zu schlafen. Option B: Aufstehen, Moskitoamok laufen, Ruhe haben. Irgendwann knipste ich das Licht an, ich war gerädert und sah sicher abgekämpft aus, ersehnte mir endlich den Sonnenaufgang, nun ja, ohne Sonne: Tagesanbruch in milchigem, trübem Himmel. Ich schlug die Moskitos tot, Karma hin oder her. Rote Blutflecken auf dem weißen Bettzeug.

Bilanz ziehen. Körperlicher Zustand: Desolat. Psychischer Zustand: Zerrüttet.
Zu diesem Zeitpunkt dachte ich: Erstaunlich wäre es, wenn du jetzt hier keine Malaria bekommen hast. Und du hast kein Malarone.[5] Aber das würde ich in den nachfolgenden Tagen bemerken. Entweder es war Karma, Schicksal oder Zufall, also Pech.
Wie sehr das Karmakonzept in Indien das gesamte Alltagsleben durchwoben hat, zeigt sich jeden Tag, drückt sich in jeder edlen oder unedlen Geste aus. Liegt jemand halbnackt und verhärmt auf dem Asphalt in Mumbai, ohne Geld, ohne Aussicht, sieht man es so: Entweder die Person hat so üble Dinge an anderen getan, dass das Karma als Regulator ihn dafür nun hier liegen lässt. Der Hinduismus sagt dazu: Dann hat er es verdient. Also warum helfen? Oder er war vorher ein Huhn, und es wurde ihm ein Entwicklungssprung zum Menschsein erlaubt.

---

5 Mittel gegen Malaria, nicht präventiv einnehmbar.

Dann müsste man ihm gratulieren. Also warum helfen?
Sie sehen die Wichtigkeit der Perspektive? Da man aber weder das eine noch das andere weiß, bemitleidet man nicht, man gratuliert aber auch nicht. Man sieht davon ab, und kümmert sich nicht darum. Man kümmert sich ohnehin um nichts wirklich, man nimmt hin. Das Hinnehmen hingegen führten die Inder zur absoluten Meisterschaft. Durch Hinnehmen gelingt viel, im Chaos entsteht alles. Auch in Indien. Gerade in Indien. Tolstoi, der zwar kein Hindu war, schreibt in *Krieg und Frieden*: „Die Verbindung von Ursache und Folge hat weder Anfang noch Ende". Und das wissen, glauben oder fühlen zumindest die Bewohner dieses Subkontinents genau so. Wenn weder Anfang noch Ende in Sicht ist, dann tut man es mit einem Achselzucken ab: Was solls? Und betet, ganz nach Bhakti[6]-Art, zu den schönen und zugleich furchtbaren Göttern und Göttinnen für eine nächste, bessere Wiedergeburt. Oder als Ameise. Vielleicht in einem Essen.

---

[6] Bhakti: Ein Weg des Yoga, alleinig auf Hingabe und Liebe zum Göttlichen abzielend.

Morgens lud ich meine Koffer in den Kofferraum. Auch Rajesh hatte schlecht geschlafen. Wir waren zwei. Zwei die hier weg wollten. Und ich freute mich aus dieser Gegend wegzukommen. Es ist erstaunlich, denn man hört so viele schöne Dinge über die Backwaters. Aber waren sie auch in Kumarakom? Ich kann es nicht sagen. Wahrscheinlich wars einfach nur der falsche Ort zur falschen Zeit. Zumindest war ich froh, dass ich mit den aufgestochenen Blasen an den Füßen nicht durch das braune Wasser gewatet war. Aber ich konnte mich nicht wirklich zwischen einer Infektion und Malaria entscheiden. Die Ägypter würden sagen: Inshallah – „So Gott will!" und die Inder? Tja, Karma.
Und nein, Frühstück gab es hier auch nicht. Aber darauf hatte ich schon mit mir selbst gewettet. Also ohne Essen losfahren. Ganesha würde uns behüten.

Die lange Strecke nach Cochin versüßte ich mir, indem ich mir die an mir vorbeirasenden Häuschen, Hütten, Menschen, streunenden Hunde anschaute. Die Spannung der letzten Stunden verlor sich mit jeder Kurve.

Am Straßenrand winkten kleine Kinder.

In Cochin hatte ich Zeit für drei Dinge.
Erstens: Alles Erlebte zu rekapitulieren.
Zweitens: Erholen und Gesundwerden.
Drittens: Mir Gedanken zu machen darüber, was für mich im Leben wichtig ist.

Der erste Punkt war insofern schwierig, weil die Reise noch lange nicht beendet war und man nur schwer ohne Distanz einen Rückblick wagen sollte. Und selbst dann: Ist es nicht so, dass man im Leben nie einen holistischen Blick wagen dürfte, da man das Ganze nie wirklich versteht? Weil man noch *im* Leben steht und *am* Leben ist? Sieht man nicht immer nur flüchtige Ausschnitte, die einem eher absurd und unabgerundet vorkommen, eben weil man den Sinn nicht wahrnimmt? Man kommt nicht dahinter, als würde das Leben Versteck spielen. Es ist eben jenes Spiel des Lebens das wir alle nicht verstehen, deren Spielball wir dennoch sind und dessen Absicht unvollständig, bruchstückhaft sichtbar ist.
Ohnehin können so intensive Erfahrungen immer erst punktuell verarbeitet werden,

nach der Reise in Körper, Geist und Seele integriert werden. Ein Anflug von Erfüllung hingegen ist spontan und solche empfand ich oft auf dieser Reise. Auch bis ins Mark vordringende Momente, die deine ganze Seele augenblicklich durchzuschütteln vermochten, wie in Pondicherry sind zwar in der Welt initiiert, wiegen dich jedoch in eine zeitlose Berührung hinein, wie ein Kind in die Erlösung süßen Schlafes. Man hat das Gefühl: Alles was ist, ist gut. Es berührt das Herz und das Innere so sehr, dass alles andere in deiner Biographie davon durchflutet wird, als berührte es den Anfang deines gesamten Wesens, als umarmte das Leben selbst dich so lange in der Zeit zurück, dass du es noch im Mutterleib spürst in dem du deinen Anfang genommen hast. Und darüber hinaus, Äonen weiter zurück. Indische Mystiker würden sagen: Es durchwandert die Illusion allen Seins, die Maya, bis zu deinem letzten Endzweck und Sinn - und der ist: So zu sein, wie du bist. Der Sinn ist nur eins: Zu sein. Alles andere ist Makulatur, ist Beiwerk um das Spiel zu spielen. Es gibt kein Ziel, es gibt letztlich nicht einmal einen Urgrund, daher auch keinen wahren Anfang und kein Ende.

Zweitens: Ich musste wieder Kraft schöpfen, ausruhen, mich auskurieren. Ich hatte mir gegen meinen derben Husten *Krishna Tulsi*, ein Ayurvedaprodukt, gekauft. Hustensaft allerfeinster Güte. Es half erschreckend schnell und ich hatte drei Tage keine Zigarette angerührt. Cochin war wärmer, auch wenn es manchmal regnete, so war die Luft doch nicht von Feuchtigkeit durchtränkt wie Kumarakom. Und ich konnte wieder Straßen erobern, konnte mich satt sehen am menschelnden Durcheinander der Straßen. Atmen war zwar oft kontraindiziert, denn Katalysatoren schien es hier auch nicht zu geben und Abgasregulierungen waren etwas für Anfänger, wie man unschwer bemerken musste. Selbst Polizisten trugen Atemschutzmasken. Und ich hatte Husten.

Trotzdem genoss ich es. Ich schlief länger, ließ meinem Körper Ruhe. Allein das Wissen, dass ich nun drei Tage in dieser Stadt war half körperlich und psychisch.

Und drittens: Ja, was wollte ich für mich? Wer war ich? Und wenn ich wusste was ich nicht wollte, war mir dann geholfen?

Ich war an einem Punkt in meinem Leben angekommen, an dem ich mir grundlegende Fragen stellen musste. Ich hatte innerhalb von etwas über einem halben Jahr eine sehr lange 12-jährige, anschließend eine kurze dreimonatige Beziehung beendet. Auch beruflich stand ich wieder am Anfang. Was hielt mich?

Ich erinnerte mich an eine Mail, die ich einer herzenstreuen Freundin nach Hamburg geschickt hatte, einige Tage bevor ich nach Sündindien aufgebrochen bin: *„Ja, ich kämpfe gegen die Dämonen. Ich weiß es nicht, ich verdaue immer noch die Variante des Schicksals die mir zuteil wurde. Manchmal seh ich das als tabula rasa, um komplett neu anzufangen, manchmal in dunklen Stunden, seh ich was ich alles verloren habe und wofür ich mich eingesetzt habe. Alles Asche. Ich bin mit dem Kopf schon weg, mein Körper noch hier. Seltsames Gefühl. Sonderbar. Merkwürdig und doch so klar. Die Dollars sind eingepackt, die Liste durchgelesen, jetzt wird eingepackt, die Tage ziehen sich sehr zäh, wünschte es wäre schon Samstag, dann wärs noch eine Nacht. Die Tage machen keinen Sinn, ich sehne mich nach Indien. Bin vorbereitet und doch nicht, lege mich in die Hände des Lebens, gehe ganz ein, tauche ein. Weißt du was wit-*

*zig ist? Selbst wenn nicht alles alles wird, was ohnehin der Fall ist, denn es war nie weniger als alles, so hab ich doch keine Angst, es ist alles ganz genau so wie es sein soll, das mag das Spannende sein, es fügt sich, Puzzlestück an Puzzlestück, erleuchtend, tragisch, erheiternd willenlos und doch zugleich dem gesamten Schöpferwillen absolut untertan....wunderbar...*
*Es fühlt sich an als stände ich einen Millimeter vom Sinn entfernt, man hört ihn, man riecht ihn, man fühlt wie er pulsiert, doch fassen kann man ihn noch nicht...doch ist er so nah nah nah....“*

Oder es ist alles Maya. Nichts spielt eine Rolle. Überhaupt nichts. Trotzdem: Was fängt das Leben mit mir an?

Als ich die ersten größeren Gebäude Cochins, genauer, Ernakulams, sah, wurde ich ruhiger und freute mich auf die kommenden Erfahrungen. Eine große Ratte lief an der Seite des Hotels entlang. Es kümmerte mich nicht weiter. Es kümmerte ja auch sonst niemanden. Bekannt ist: Überall wo viele Menschen leben, leben auch Ratten. Hier leben eben viele Menschen. Und wo viele Ratten leben,...nun ja, nein. Diese Rechnung geht nicht auf. Jedenfalls kommen in Indien auf einen Menschen zirka 60 Ratten...Man rechne.

Die Damen in ihren Saris an der Rezeption, eine mütterlich, die andere sehr jung, begrüßten mich herzlich und strahlten mich an. Die üblichen Einschreibrituale.
Ich bezog mein Zimmer und gab meine Wäsche dem Laundry Service, da ich hier mehrere Tage der Dinge harrte, die da kamen.
Cochin liegt im Südwesten des Staates Kerala, am arabischen Meer. Das Klima ist zwar tropisch, aber angenehm. Man spricht hier Malayam, einer von so unendlich vielen Dialekten in Indien. Cochin, so denkt man heute, leitet sich ab von „Kochazhi", was soviel bedeuten soll wie „kleine Lagune". Dies, so ließ ich mir sagen, sei von chinesischen Seefahrern so bezeichnet worden. Hier in Cochin würde man vorziehen, es komme von „kaci", Malayam für „Hafen". Sei´s drum.

Einen Tag später saß ich am Ufer der Nordspitze Cochins, der „Perle am Arabischen Meer" und schaute den Fischern zu, wie sie mit ihren weltberühmten, feststehenden chi-

nesischen Fangnetzkonstruktionen magere Ausbeute aus dem Wasser hievten. Die wenigen Fische, die im Netz landeten, wurden ihnen dann auch noch zusätzlich von Möwen streitig gemacht, die natürlich schon darauf warteten ihren Teil einheimsen zu können. Die Fischer bieten ihre Fänge feil, bunte, ungesehene Arten, komische Kreaturen, aber andererseits, ich weiß nichts, überhaupt nichts über Fische, denn ich esse keine. Aber diese Farbenvielfalt habe ich in Europa noch nie gesehen.
Hier kaufen die Köche der Restaurants sowie die Einwohner selbst ein.
In Fort Cochi fühlte ich mich wohl. Lange saß ich am Ufer, sah dem schwappenden Wasser zu, bis ich die St. Francis Church aufsuchte, die seit 1503 besteht, zwar noch im 16. Jh. erneuert und verbessert wurde, seitdem aber in einem desolaten Zustand ist. Sie ist übrigens die älteste Kirche in ganz Indien. Die Denkmalpflege lässt in Indien grundsätzlich oft sehr zu Wünschen übrig. Diesen Umstand beklagen nicht nur Reisende und Touristen, sondern auch die Fremdenführer. Jahrhundertealte Malereien, wie die großartige auf sieben Wände gezeichnete

Eposhandlung des Ramayana[7] im Mattancherry-Palast, eine der schönsten Wandmalereien die ich je gesehen habe, dürfen zwar skurrilerweise nicht photographiert werden, der Raum in dem sie sich befinden wird auch mit Ventilaroren „gelüftet", aber zugleich stehen die Fenster sperrangelweit offen und bringen Dreck, Staub, Feuchtigkeit und sonstiges Allerlei in jeden Winkel. Es wird keine hundert Jahre dauern und das Werk ist zerstört, verfault, abgeblättert und verwittert.

In dieser besagten Kirche wurde 1524 Vasco da Gama beigesetzt, allerdings sind seine Gebeine gar nicht mehr in Cochin, sondern seit 1539 wieder in Lissabon. Vor der Kirche lernte ich eine Kanadierin kennen, blond, hübsch und aufgeschlossen. Es ergab sich, dass auch sie Lehrerin sei und einige Jahre älter als ich. Sie schien sehr mitteilungsfreudig und wollte wissen woher ich stamme und ob ich auch in der Nähe logieren würde. Leider stellte sich heraus dass sie auf der Halb-

---

[7] Indisches Nationalepos, Kunstdichtung in 24.000 Versen. Die Geschichte befasst sich mit Brama, einer Inkarnation von Vishnu.

insel Cochins selbst eingecheckt hatte, ich hingegen in dem weiter nördlich gelegenen neuen Stadtteil Ernakulam. Sie war sichtlich enttäuscht, meinte jedoch sie würde am Abend in einem Lokal einkehren, in dem viele Westler verkehren würden, ich sollte mich doch dort auch blicken lassen. Sie würde sich sehr freuen.

Wir verabschiedeten uns.

Im Judenviertel von Cochin saß ich einige Zeit in der 1568 errichteten Synagoge und streifte anschließend durch die engen, verwinkelten Gässelchen dieses überaus charmanten Stadtbezirks. Wie es sich gehört über- bzw. unterbieten sich die die Händler, obwohl heute Inder, führen sie die Geschäftigkeit wie vor 400 Jahren nach wie vor in alter Tradition weiter. „You want sculpture?“- „No“ - „You want a Sari“ – „For me? No!“

Meine Standardantwort in den letzten Tagen war: „All I want is experience. Not material things.“

Alles was ich brauche sind Erfahrungen. Nicht materielle Dinge. Damit war die Sache meist gegessen. Die Reaktion darauf war stupende Verblüffung.

Allerdings kehrte ich kurz in ein Sarigeschäft ein, um mir die Kunst des Sariherstellens zeigen zu lassen, an einem Webstuhl, handgemacht. Die junge, sehr zierliche, natürlich saribekleidete Frau erklärte mir das Wie, Was und Warum; sie war jedoch eher mehr am Flirten interessiert, denn an ihren eigenen Ausführungen. Sie glänzte an mir hoch. Ihre blitzenden Augen. Ihre schönen, vollen Lippen. Die weißen Zähne.

Ich muss an dieser Stelle natürlich auf folgendes hinweisen -Nein, es geht jetzt nicht um das Mädchen. Es betrifft den Begriff Sari. Die meisten Frauen tragen überhaupt keinen Sari. Saris sind verheirateten Frauen vorbehalten. Mädchen und junge unverheiratete Frauen tragen sogenannte Salwarkameez, bestehend aus einer weich fallenden Hose (salwar), einer Tunika und einem Tuch, das über ihre linke Schulter geworfen, getragen wird. Hingegen wird der Sari mittels ausgefeilter Technik um die Hüfte gewickelt und in einen Unterrock gesteckt. Das zusätzliche Tuch kann schmückend über den Kopf gelegt werden oder gleichfalls über die linke Schulter. So manche westliche Frau ist schon am Wickeln eines Saris verzweifelt und gescheitert. Wenn also in diesem Buch das Wort Sari genannt wird, kann es ebenso gut ein Salwar-kameez sein, oder andere Varianten wie die Ghaghara. Im verwestlichten Mumbai tragen Frauen oft weder das eine noch das andere, sondern Jeans und Shirt, beides am besten ganz eng. Darin sind die jungen Mumbaierinnen ganz und gar nicht mehr prüde. Die Männer sind alle entweder schnurrbartbestückte Kopien voneinander, besonders im Binnenland, oder wie in Mumbai junge Nachfolger von Hritik Roshan, mit breiter Sonnenbrille, cooler Frisur und trendigem Hemd. Natürlich kann nicht jeder Inder wie Superstar Shahrukh Khan, und nicht jede Inderin wie die Bollywood-Schönheit (und nebenbei Miss World 1997) Aishwarya Rai aussehen. Aber die meisten versuchen es.

Am zweiten Tage kaufte ich mir einen Regenschirm. Das scheint Tradition zu sein, und für Regen ist Cochin auch bekannt. 140 Rupien kostete ein guter Schirm, das sind etwas mehr als 2 Euro. Zwar nieselte es nur, aber es war immerhin besser einen gewissen Schutz zu haben. Die Einwohner haben ihren Schirm oft dabei, zweckdienlich ist es ge-

gen Regen und Sonne zugleich. Der befremdende Anblick weicht schnell einer typischen Optik und brennt sich ebenso schnell in die Netzhaut.
Ich hatte bereits über das Autofahren in Indien erzählt, in Cochin sah ich zum ersten und letzten Mal einen Autounfall, oder eher: einen Blechschaden. Ein Bus rammte ein Auto und riß ihm den vorderen rechten Scheinwerfer ab. Ohnehin sehr seltsam dass nicht mehr Unfälle passieren, denn die unglaubliche Fahrsynchronisation ist mehr als unheimlich.
Mehr als 70% der indischen Bevölkerung lebt außerhalb der großen Ballungsräume, doch einige wenige von den anderen 30% sind derart reich, dass sie in jedes einzelne der in Cochin aneinandergereihten Juweliergeschäfte einkehren könnten. Abstrus mutet es an, streift man durch die dicht bevölkerten Straßen dieser Stadt, wenn sich fein herausgeputzte, blitzende mit Marmor vertäfelte Frontmauern mit exklusiven Goldschriftzügen gegen die abgetragenen, verwitterten kleinen Geschäfte absetzen. Drinnen: Nur feinstes Gold in der Auslage, Juwelen und Kettchen so weit das Auge reicht. Die rei-

chen Käufer und ihre Luxusgattinnen muten durch die Glasscheiben so fremd an, dass man nicht umhin kann, die Stirn zu runzeln, ob so viel Diskrepanz zwischen ihnen und den Karren ziehenden, in Lumpen gehüllten Gestalten, die vorbeigehen. Hier defilieren die goldbekränzten Frauen, dort schiebt sich eine alte, zitternde Hand bittend um Almosen durch einen übergroßen Sari und an der Ecke lässt sich ein bärtiger Mann in weißgrauem Dothi[8] auf einem Holzkarren von zwei weißen Ochsen ziehen.

Weiter hinten stehen drei Männer an einer Rohrzucker zerquetschenden abenteuerlich aussehenden Maschine. Unablässig stopfen sie frische Rohrzuckerstängel in die metallene Konstruktion, heraus fließt eine milchigwässrige Flüssigkeit, die einige mit Genuss trinken.

Ein junger Verkäufer saß auf einem grauen zerfledderten Tuch und hatte vor sich farbiggrelle Plastikspielzeughunde, die er fortdauernd und mit übermenschlicher Geduld, Stunde um Stunde aufzuziehen wusste, denn die Hunde bellten, stapften und bellten unab-

---

8 Traditioneller Männerrrock

lässig. Ob ihn diese Arbeit zufrieden machte? Ich ging oft an ihm vorbei. Das Bild war stets dasselbe, es änderte sich nie. Morgens und abends. Und an drei hintereinander folgenden Tagen. Er widmete sich seiner Arbeit so konzentriert, dass man denken mochte, es gäbe für ihn nichts Wichtigeres auf Erden.
Abends kehrte ich in einem vegetarischen kleinen Lokal ein, in dem ausschließlich Inder ein- und ausgingen. Ob das Essen hier anders war? Ja war es. Es war geschmackvoller und billiger zudem. Ein herzhaftes Masala Dosa mit einem dampfenden Chai kosteten mich hier 46 Rupien.
Am dritten Tag in Cochin kannte ich schon viele der Straßen und sogar ein Interneträumchen konnte ich ausfindig machen. Wiederum hatte ich Gelegenheit mit der europäischen Zivilisation in Kontakt zu treten, einigen Freunden mitzuteilen, dass ich noch lebte, meinen Eltern eine E-mail zu schreiben: Es geht mir gut, ich bin gesund. Alles toll.
Und was hätte man auch anders schreiben können? Man konnte Cochin und die Reise bislang nicht in zehn Zeilen unterbringen. Daher nur das Nötigste. Das körperliche

Wohlbefinden: Auf dem Weg der Besserung. Sonst fit. Geistig: Immer noch Neues sehen wollend. Emotional: Manchmal etwas einsam.
Wieder draußen vor der Tür des in einem Hinterhof gelegenen Interneträumchens, hatte es angefangen zu regnen. Alles schien in dunkleren Farben. Meinen erworbenen Regenschirm hatte ich natürlich im Hotel vergessen. Na dann.

Lange saß ich am offenen Fenster des Flurs neben meinem Zimmer auf einem Sessel, schrieb und beobachtete die Angestellten im gegenüberliegenden Hotel, hörte dem Gehupe zu, der brandenden Lebendigkeit. Manchmal regnete es zwischendurch, was der Lärmwand draußen keinen Abbruch tat.
So lange an einem Ort war ich in Indien bislang noch nicht, drei Nächte in einer Stadt fühlen sich schon wie über den Grenzwert hinausgeschossen an. Der nett lächelnde, scheue Roomboy brachte mir meine gebügelte Wäsche. Nun nur noch packen, kurz einen Abstecher zu Rajesh auf den Parkplatz des Hotels. Auch er freute sich auf den kommenden Tag.

Abends lief ich noch ein letztes Mal durch Cochin und wieder kreuzte eine fette Ratte meinen Weg. Ob das so was ähnlich Abergläubisches nach sich zieht wie eine schwarze Katze in Europa? Ich wusste es nicht. Andererseits: Ratten werden in Indien ebenso verehrt wie Elefanten. Es gibt sogar einen Rattentempel und ohnehin: Ganeshas Reittier ist eine Ratte. Und der ist ja bekanntlich beliebter als ein Bollywoodstar, und das will was heißen.

## *KAPITEL 7: Nandibullen, Bestechung und Teeplantagen ohne Ganesha*

Ja, ich muss an dieser Stelle zugeben, ich liebe Gott Ganesha wirklich. Der Rabauke ist aber auch sonst everybody´s darling. Das ist unschwer nachzuvollziehen. Einer, dem ersten Anschein nach, Jungfrauengeburt nahekommenden Erzeugung zufolge kam der noch nicht elefantengesichtige Kerl auf die Welt. Parvati (wieder einmal) ist in Form der Durga die Mutter, Shiva der Vater, obwohl das nicht gänzlich korrekt ist, denn Parvati soll ihren Sohn selbst geformt haben aus Öl, Salben und, jetzt aufpassen, dem Schmutz und den Absonderungen ihrer Haut. Grund

der Zeugung: Sie benötigte jemanden der vor ihrer Tür wachen sollte, wenn sie baden wolle! Das ist ein ausgezeichneter Grund Kinder zu haben. Shiva hatte sich derweil zum Meditieren ins Kailashgebirge zurückgezogen, war somit unabkömmlich und wusste nichts von Parvatis Familiengründung. Soviel zum Liebesleben der Götter und der Vereinsamung einer Frau. Ganesha wurde als junger Mann enthauptet, daraufhin Shiva ihm den nächstgelegenen Kopf aufsetzte, und das war nun mal jener eines Elefanten. Er tat auch gut daran einen Kopf zu finden, denn Parvati meinte, würde er dies nicht vollbringen, würde sie das ganze Universum zerstören. Die Wut einer verletzten Frau.
Aber wer hatte ihn geköpft: Shiva selbst! Er kam nach seiner Meditationsklausur nach Hause und fand einen Jüngling vor, der das Bad Parvatis versperrte, wie ihm aufgetragen wurde. Shiva neigte jedoch dazu nach solch langer Abwesenheit bei seiner Frau vorstellig werden zu wollen. Also trennte Shiva im Streit mit seinem Dreizack Ganeshas Kopf ab.
Soweit die Story.

Zumindest ist zu sagen: Eigenartige Familienverhältnisse mit tiefenpsychologischem und psychoanalytischem Deutungsfeld.
Doch zu Ganesha selbst noch einige Worte.
Symbolisch ist sein kugelrunder Bauch, der alle Erfahrungen und Leiden in sich aufzunehmen weiß. Er besitzt nur einen einzigen Stoßzahn, was darauf hindeutet, dass er die Dualität überwunden hat und nur die Einheit sieht, das nicht-duale Sein. Darin ist er vom Advaita Vedanta[9] nicht weit entfernt. Ganesha wird vierarmig repräsentiert und deckt damit die höheren Welten des Menschen ab: Intellekt, Geist, Ego, Bewusstsein. In seinen Händen hält er eine Schlinge. Damit zieht er die Menschen aus ihren weltlichen karmischen Bedingungen heraus. Desweiteren: Einen Reisball (Belohnung für spirituelle Erkenntnis), eine Axt (er zerstört damit weltliches Begehren und Wünschen) sowie eine segnende offene, leere Hand. Seine großen Augen sehen alles, sein kleiner Mund verspricht wenig zu reden. In verschiedenen

---

[9] Monistische Weltanschauung das alles Seiende auf ein Prinzip zurückführt. Die Nichtzweiheit wurde vom indischen Philosophen Shankara im 8. Jht. aus den Veden weiterentwickelt.

ikonographischen Abbildungen oder Reliefs sind Veränderungen in seinen Attributen sichtbar. Aber das nur nebenbei. Ganesha wird in Indien sehr geliebt, er ist tatsächlich ein Herr der Masse: Gana-Isha (Gana bedeutet Vielheit, Isha soviel wie Herr).
Eine Lanze brechen muss ich an dieser Stelle auch für die korrekte Darstellung der anscheinend 330 Millionen Götter Indiens. Ich höre und lese oft dass es so viele Götter geben soll. Das ist so nicht richtig und wird immer falsch weitergegeben. Als diese Antwort auf die Frage gegeben wurde, wie viele Götter es denn im hinduistischen Pantheon geben würde, zählte die Bevölkerung Indiens eben jene 330 Millionen. Und es war augenzwinkernd gemeint! Die Idee war: Jeder hat seinen Gott und seine Art, seine Welt. Mitnichten sind es 330 Millionen, inzwischen wären es genauso viele Götter wie Hinduisten...
So, Exkurs beendet. Abblende. Abspann.

Bereits um sieben Uhr früh checkte ich aus, die süße Inderin war leider nicht da. Zu früh. Schade, ich hätte mich gern verabschiedet und ein weiteres Lächeln mit auf den Weg genommen. Sechs Stunden Fahrt warteten auf mich, viel Zeit um mich mit Rajesh auszutauschen und lauthals indische Lieder nachzuträllern.

Der Weg nach Ooty (früher: Ootacamund) gestaltete sich sehr variantenreich. Da es wieder ins Gebirge ging, diesmal Nilgiri, war der Variantenreichtum der Natur und der Menschenbauten in der Tat sehr aufschlussreich und begeisterte mein reisendes Ich. Wir fuhren an Behausungen mit Ziegenbestand vorbei, dann und wann kreuzten die bereits erwähnten anubisköpfigen Hunde die Straße. Schüler- und Schülerinnenscharen, die zu Fuß an den staubigen abschüssigen Straßenrändern entlangliefen, kilometerweit bis zu einer Bushaltestelle. Alle lachten. Alle irgendwie glücklich. Dann wieder schlafende Männer, Garküchen im Format 1x2 Meter, Frauen in Saris, Wasserkrüge balancierend die in der Morgensonne blitzten. Verrottende Haufen mit Essensresten, eine Kuh die sich darauf zubewegte. Ausgeschlachtete, vor sich hin verrostende Ambassador-Vehikel. Riesige Werbeplakate für Mobtiltelefonverträge und noch skurriler in dieser Einöde: Werbung für teure und teuerste Goldjuwelketten von denen hellhäutige indische Schönheiten herunterlächelten. Bizarr, grotesk, bisweilen schon wieder lustig, weil einfach unpassend. Ich wäre gern ausgestiegen und hätte die Leute gefragt, wie sie das empfänden. Nun ja. Je näher wir Richtung Nilgirigebirge kamen, desto kühler wurde es. Die Straßen wurden enger, optisch muss Nepal so aussehen, dachte ich. Männer mit Mützen und Jacken. Auch ich trug jetzt meine Jacke, weil ich gelernt hatte aus dem Fehler in Periyar.

In der Ferne die Gebirgszüge, wie mit Wasserfarbe hingetupft. Darüber ein Schleier aus Wolken und Nebel. Sehr hübsch. Es eröffneten sich wieder ähnliche Bilder wie beim Anstieg nach Kerala. Doch die Blicke konnten noch weiter schweifen, in jeder Kurve sah man mindestens einen Wasserfall in der Ferne und bisweilen eine ganze Horde Affen. Die Rallye nach oben gestaltet sich ähnlich halsbrecherisch wie Tage zuvor. Wieder quetschten sich gleich fünf Autos, Motorräder, Busse und Laster an einer Stelle vorbei wo nur zwei angedacht sind: Eine führt runter, die andere hinauf. Mehr nicht. Das Ignorieren jeder verkehrsideologischen Grundlage wurde beflissentlich gepflegt. Und zwar ganz kameradschaftlich gemeinsam, ohne Ausnahme.

Vor Ooty besuchte ich nahe des Dörfchens Coonoor auf 1839 Metern Höhe eine Teeplantage. Hier wird der Nilgiri Tee hergestellt, ob grün oder schwarz. Es schmerzt als großer Teeliebhaber schwarzen Tee vorgesetzt zu bekommen dessen Eigenaroma nicht einmal mehr wahrgenommen werden konnte, weil man ihn als typischen Chai mit Milch vorgesetzt bekam. Es hätte irgendein Tee sein können, der Unterschied wäre nicht merklich groß gewesen. Werbung sieht anders aus. Ich fragte, ob man mir den Tee ohne Milch und Zucker geben könne. Chinesische und japanische Teeanbauer würden jetzt ohnehin in Tränen ausbrechen. Ich erntete ein Kopfschütteln. Nein, das ginge nicht. Ich war enttäuscht. Die genannten chinesischen und japanischen Teefarmer würden ihrerseits nun resigniert den Kopf schütteln. Stoisch und widerstandslos verließ ich die Tea Factory, ließ meinen Blick seufzend über die tausende Hektar Teehecken wandern. Hier hat-

te Ganesha keinen Einfluß darauf. Ganesha ist der Gott der Reisenden, Dichter, Händler, Redner, ja selbst der Diebe, aber hier...
1948 war der Philosoph Jiddu Krishnamurti oben in Ooty. Viele Inder flüchten vor der Hitze in dieses Gebirge nach Ooty, wenn sie es sich leisten können. Bekannt ist es als Luftkurort. Ich empfand es nicht als Erholung, sondern als Strapaze. Ich mag eben die Hitze und die Kälte kam mir überhaupt nicht gelegen.
Das Hotel thronte über einem Felsen, von zwei Seiten erreichbar, allerdings waren die Wege sehr steil und einige Autos versagten hier ihren Dienst. Das Zimmer wirkte sehr dunkel auf mich, der Blick aus dem Fenster lieferte nur den leeren, verdreckten Hotelhof, die verrostete Einfahrt, die Straße nach links unten abbiegend und die Straße nach rechts hoch. Dahinter Fels. Etwas Grünzeug. Hauptsächlich aber Fels. Die Elektrizität war von Anbeginn an mal wieder ausgefallen, hier jedoch mehr als drei Stunden an einem Stück.
Im Badezimmer hatte sich eine Spinne ausgiebig künstlerisch betätigt, was darauf schließen ließ dass hier seit längerer Zeit

nicht geputzt worden war. Mein Entschluss: Hier werde ich nicht duschen. Das Zimmer war eiskalt. Ich sehnte mich kurz zurück nach Cochin. Bei näherem Hinsehen wurde klar warum es kalt war: Zwischen Holzfenster und Rahmen klaffte eine derart große Lücke dass ich ein Taschentuch durchzwängen konnte. Draußen gurrten Tauben. Der Himmel war wolkenverhangen, die Stimmung trostlos. Gerade erholt vom Gröbsten, was Schnupfen, Halsschmerzen und Husten anbelangte, war ich wieder in einer ähnlichen Situation aber mit einem eindeutig schlechteren und heruntergekommeneren Hotel. Es fühlte sich an, wie in einem Spiel: Man beginnt in einer gescheiterten Mission wieder am Anfangspunkt, hat sich die Verhaltensmuster und die Schleichwege eingeprägt und läuft denselben Weg, nur anders.
Es war so kalt dass ich das Zimmer mit dem Föhn aufwärmen wollte. Verzweiflungstat. Irgendwann wurde es mir zu bunt mich unter der Decke mit dem Föhn warmzuhalten und rief die Rezeption an. Was man machen könne? Es sei echt kalt. Ja, man hätte Heizungen, die könne man bringen. Es würde nur etwas kosten. Ja, sicherlich. Nur hoch damit.

Eine halbe Stunde später stand ein Roomboy in der Tür, in der Hand eine Heizung, groß wie ein ausladender Aktenkoffer. Das Ding musste sicherlich etwa vierzig Jahre auf dem Buckel gehabt haben. Oh je. Erstaunt darüber dass das Heizgerät tatsächlich ansprang, entspannte sich mein Körper etwas. Das Ding ratterte und röhrte als würde sich in der Zimmerecke gerade ein Propellerflugzeug auf die Startbahn begeben. Gut dass ich mit Ohrstöpsel schlafe, dachte ich.
Ich legte mir mein Kopfkissen zurecht, leider schob sich damit das Leinentuch am oberen Rand der Matratze zur Seite. Darunter in allen , aber auch allen Rillen: Schwarze, kleine, schmierige Kügelchen....Kakerlakendreck? Rattendreck? Ok, ich war fertig mit Ooty.
Was war das für eine Absteige? Das Abendessen war zwar auch grenzwertig, hätte ich aber das hier zuerst gesehen, hätte ich wieder einmal Dinner-Canceling auf dem Speiseplan gehabt.
Um halb zehn abends war ich so genervt (und warm war mir immer noch nicht) dass ich einfach kurzerhand aus Frust entschloss zu schlafen, einfach unbewusst zu sein.

Am Morgen tappte ich durch das kalte, dunkle Foyer und wollte zum Frühstücksraum. Gähnende Leere. Kein Mensch zu sehen. War ich der einzige Gast hier? Nein, einige waren mir schon über den Weg gelaufen, wenn auch nur drei, vier indische Gäste. Die Messingschutzhauben im modrig riechenden Essraum unter denen Essen stehen sollte, waren alle leer und an den Rändern sowie unter ihnen sorgten Flecken und Essensreste für einen Appetit der nun gegen Null tendierte. Warum kann man denn nicht einfach putzen? Nun gut, das war vielleicht zu viel verlangt...
So, ja, dann hatte ich damit nun auch das Frühstück ausfallen lassen, notgedrungen. Ich war etwas sauer. Und dafür bezahlte ich Geld? Ich fand mich draußen wieder, nachdem ich meine Koffer schon abends gepackt hatte, weder geduscht noch gegessen hatte, und rauchte erstmal. Ganesha, Gott der Reisenden, war irgendwie müde oder abwesend und besonders witzig drauf.
Selten sehnte ich mir Rajesh herbei. Ich rauchte noch eine.
Eine Stunde später saßen wir beide in einem HighClass-Kaffeehaus namens Café-Today

Coffee, einem Starbucks ähnlich. Dort war zwar alles sehr viel teurer, aber wenigstens war es sauber. Nur für jetzt, nur an diesem Morgen gabs außer der Reihe einen Latte Macchiato und einen Brownie mit warmem Schokoguß, sehr westlich, sehr untypisch für meine bisherige Reise. Ich offerierte auch Rajesh einen Kaffee und ebenso einen Brownie. So etwas hatte er noch nicht getrunken und gegessen. Er war glücklich. Und ich wollte nicht alleine sein und ihn nicht im Auto sitzen lassen. Es machte Spaß und meine Laune war schlagartig wieder auf tadellosem Niveau.

Im botanischen Garten waren jede Menge Leute. Ganze Schulklassen, viele indische Touristen, keine Westler. Daher auch das Interesse junger Leute: Sie wollten mich anfassen, mit mir reden, mir Fragen stellen. Dann das obligatorische Photo.

Von dort zum höchsten Punkt Südindiens. Oben angekommen: Alles voller Nebel. Null Ausblick, aber wenigstens konnte ich die frische Luft genießen. Weiter zu einer anderen Teefabrik. Auch dort wurde ich belagert von jungen Indern, ganzen Schulklassen. Ich konnte kaum Photos schießen, und wenn

dann von den indischen Schülern. Ich bahnte mir schnell einen Weg Richtung Ausgang, aber so leicht war das dann doch nicht. Man hatte mich abgefangen, man umkreiste mich, schoss nochmals Photos. Und jeder musste eins auf seinem Mobiltelefon haben. Oh je, und das nur weil ich ein Bleichgesicht bin.
Rajesh grinste breit als ich ins Auto einstieg: „You get problem?“ Ich nickte.
Viel gesehen hatte ich bei dem Spießrutenlauf kaum. Ich würde mir also diese Fabrik noch mal ansehen wenn ich die Photos durchsehen würde zu Hause. Wenigstens hatte ich etwas Kontakt zu indischen Menschen und das war doch allemal wichtiger.
Also machten wir uns auf den Weg nach Mysore. Unsere nächste große Station.
Zuvor aber noch einmal über die geschlängelten Wege an Affenhorden vorbei, die auf den Begrenzungsmäuerchen saßen und die vorbeifahrenden Wagen beäugten. Vor mir öffnete sich ein Baumbestand den ich so noch nie im Leben vorher gesehen hatte. Weiße schlanke, unglaublich hohe Bäume. Man tauchte ein in einen optischen Wust aus weißen senkrechten Linien, über und über, und dazwischen die dagegen winzig anmutende

Straße. Alles durchwirkt mit geheimnisvollen Geräuschen, Zirpen, Klappern und Gezwitscher. Die hohen Bäume waren Eukalyptusbäume. Wir parkten das Auto, stiegen aus und nahmen uns Zeit für dieses Schauspiel und Rajesh pinkelte den Hang hinab.
Der Weg war lang. Das Klima veränderte sich zusehends, es wurde wieder wärmer, schwüler und ja, ich muss ein Kaltblüter sein, denn ich erwachte nun erst richtig. Taute wie von innen wieder auf. Rajesh war freudig erregt, er würde an jenem Tag endlich wieder in seinen Heimatstaat gelangen, Karnataka, dessen Hauptstadt Bangalore ist und Rajeshs Geburtsort. Er würde seine Familie bald wiedersehen, seine Mutter, seine Schwester und sogar seine Liebe. Rajeshs Liebesgeschichte rührte mich immer noch. So tragisch. So Bollywood.
In Karnataka spricht man Kannada, ein Dialekt, und man ist stolz auf eine Alphabetisierungsrate von über 75%. Das vorherrschende Volk der Hoysala hatte hier ab dem 11. Jht. seine Blüte und hinterließ die kunstfertigsten und schmuckvollsten Tempel Südindiens, darunter jene in Halebid und Belur. Aber das würde ich in den kommenden Ta-

gen selbst mit eigenen Augen sehen können. Durch ein kleines blauweißes Törchen gelangten wir also nun über die Grenze von Tamil Nadu nach Karnataka. Von Cochin aus, das im Staate Kerala lag, mussten wir also erneut ins Tamil Nadu-Gebiet fahren um nach Ooty zu gelangen.
Rajesh jubilierte begeistert, wo er sonst so stoisch und ruhig blieb. Wir lachten.
Direkt hinter der Grenze waren wir im Gebiet des Rajiv-Ghandi-Nationalparks angelangt der sich über 640 Quadratkilometer erstreckt und ein Schutzgebiet darstellt für Gaurkühe, Affen, Languren, Axis und Sambarhirsche. Asiatische Wildhunde, Leoparden sowie Elefanten können hier ihren Bestand selbst wieder aufstocken und friedlich leben. Man darf die Tiere weder anfassen noch füttern. Ersteres wäre ohnehin nicht ratsam, je nach Tierart. Nur sehr langsam konnte man hier fahren, Tempobegrenzung und ständige Speedbreaker alle hundert Meter taten ihr übriges. Es war heiß, sehr heiß. Die Angewohnheit ständig die Klimaanlage bis ganz nach „super-frostig-kalt“ zu drehen hatte ich Rajesh mit jeder Fahrt etwas mehr ausreden können. Er merkte dass Kälte mir

nicht guttat und anders als bei den meisten Reisenden steh ich so gar nicht auf kalt. Dann eher 50 Grad wie in Ägypten im Jahr zuvor. Man schwitzt und trinkt. Fertig. Aus. Aber bis zu diesen Temperaturgraden war es noch hinlänglich weit.
Ich hatte bislang Shivastädte gesehen und Dämonenstädte, zudem Städte die Parvati in Form der Meenakshi gewidmet waren und nun sollte ich Mysore kennenlernen, die wiederum Parvati zur Ehre errichtet wurde, aber in ihrer Form als dunkle Durga. Ja, die Mutter von Ganesha. Sie erinnern sich?
Die Legende besagt, Durga hätte hier an dieser Stelle den Büffeldämonen Mahishasura getötet. Mahishasura wurde im Kannada-Dialekt zu Maisuru und damit war der Name Programm und Stadtbezeichnung zugleich. Daraufhin baute man die Stadt.
Durga wird in Mysore als Chamundeshwari bezeichnet und verehrt. Warum dieses Detail wichtig ist? Weil auf dem nahegelegenen Chamundi-Hill ein Chamundeshwari-Tempel steht, den man auf jeden Fall gesehen haben muß.
Zuvor aber Einchecken und schleunigst zum bereits zwei Stunden wartenden Guide um

Einlaß in den Maharaja-Palast zu erhalten. Der weiß strahlende Palast ist wirklich eine Reise nach Mysore wert. Zwei Rupien Gebühr für die Schuhe, dann wieder einmal barfuss über die Stufen. Eine riesige Menschenmenge drängte zum Eingang hin, alles war blockiert, alle palaverten. Mein Guide hatte ein Händchen für, nun ja, sagen wir die richtige Menge Bakshish, Trinkgeld, ah, gut: Bestechungsgeld für die Wächter. So konnte er mich nicht nur am Eingang an der extrem langen Menschenschlange herumführen, sondern zudem Wege abkürzen, die durch Begrenzungsseile einen Pfad durch die einzelnen Räume zeichnen, damit die Leute exakt nur innerhalb dieser Umzäunungen durch den Palast geschleust werden können. Vor mir herlaufend trennte er ungesehen die Begrenzungsseile, winkte mich durch, schloss sie wieder. So kreuzten wir durch Räume, die ansonsten nicht erlaubt waren. Abkürzungen an den Massen vorbei wurden im Minutentakt vorgenommen. Er wusste genau, wo sich ein Absperrband durch Bestechung in Luft auflöste, der Wächter mich mit fast unmerklichen Gesten durchwinkte und wo nicht. So sahen wir den Palast in präziser und doch zeitunaufwändiger Schnelligkeit, ohne wichtige Kunstgegenstände, Bilder oder Räumlichkeiten voller Schönheit und Akkuratesse zu versäumen. Allerdings war Photographieren verboten, dennoch richteten eine Menge junger Leute ihr Mobiltelefon oder ihr iPhone auf die verzierten Mauern und Bilder. Wächter versuchten diese „Ungehörigkeiten" zu unterbinden. Die Mosaike an den Wänden waren majestätisch, aber selbst auch nur von außen gesehen wirkte dieser Palast wie aus Tausendundeiner Nacht, märchenhaft und strahlend. Der Palast ist nur Samstags- und Sonntagsabends eine Stunde lang von tausenden Lampen beleuchtet. An sich kitschig, ja, aber sehen mochte man es doch.

Anschließend verließen wir den weitläufigen Park um den Palast herum und suchten im Autowirrwarr Rajesh und sein Gefährt. Da an diesem Sonntag wegen dem freien Montag (Nationalfeiertag in Indien) ein verlängertes Wochenende den Menschen beschert wurde, zogen viele zu Ausflügen oder kleineren Ferien mit der ganzen Familie in größere Städte, und waren dahingehend selbst Touristen in diesen Tagen. Die Menschenmenge die sich durch die Straßen bewegten war unmäßig. Das Chaos war hier vollständig und komplett. Das Gehupe war eindringlich, die Abgase potenzierten die Hitze und ich stand auf dem Parkplatz und suchte immer noch nach Rajesh.

Irgendwann saßen wir im Wagen und fuhren den Chamundi Hill hoch. Ein großer, weitläufiger Platz eröffnete sich, mit Händlern, Verkäuferinnen, freilaufenden Bullen und einer Menge Staub. Im Hintergrund stand der Chamundeshwari-Tempel in seiner ganzen Größe. Erbaut wurde er von den Hoysalaherrschern im 12 Jht. Das beeindruckende Tor aber wurde erst im 17. Jht. vom Vijanagara-Königreich hinzugefügt. Vor dem Tempel auf dem Hauptplatz steht eine große Figur des Dämons Mahishasura, den Devi Chamundeshwari getötet haben soll. Chaos vor dem Schuhabgabestand, Gedränge.

Auch folgendes ist, besondern im Sanctum, eine erwähnenswerte, weil skurrile menschliche Krankheit: Man bewegt sich Haut an Haut, zusammengepfercht von den Wänden und dem Eingangstor in ein, von Rauchschwaden geschwängertes Inneres. Von Metallgittern abgegrenzt steht man vor einer

Flucht in die man einen Blick werfen kann und eine Statue der Mahishasuramardhini sieht. Doch obwohl auf devote Art verehrt und die Menschen mit betenden Händen dort stehen, rempeln, stoßen, drücken und ziehen diese als ob es ein Verkaufsstand wäre an dem man alles billiger haben könne. Verhält man sich so in einem Sanctum? Es mag auch sein, dass ich es einfach nicht verstehe, ich bin schließlich nur ein weißer Westler, aber gezieltes Bodychecking in einem Tempel ist mir neu.
Wenn das die Art des Betens ist, nun gut. Ich empfinde es als allzumenschlich und eine weniger geeignete und bei weitem nicht selbstlose Art menschlichen Handelns.
Meine Füße betraten wieder den heißen Boden draußen und ich suchte meine Sandalen.

Arun, der Guide, und ich redeten draußen auf dem Platz über Mantras. Er war plötzlich wie aus einer Schutzdeckung aufgetaut und war sehr interessiert an Mantras. Er kannte das tibetanische Mantra *Om Mani Padme Hum* nicht, und er ließ es sich aufschreiben. Im Gegenzug wollte er nun mir ebenso eines mit auf den Weg geben, ein ShivaMantra.

Er war glücklich, seine Augen strahlten.
Auf halbem Weg zurück nach Mysore, am Berg, schaute ich mir noch kurz einen wunderschönen, großen, im Jahre 1659 aus einem Monolithen erbauten Nandibullen an. 15 Fuß hoch, 24 Fuß lang. Ein Priester in weißen Gewändern stand davor und vollzog ein Ritual. Die Skulptur war behangen mit Blütenkränzen und der Duft von Räucherwerk umgab den gesamten Platz. Vereinzelt standen Menschen, blickten zu Nandi und beteten. Was hat es mit dem Stier auf sich?
Auf meiner Reise sah ich alle großen und wichtigen Nandibullen ganz Südindiens. Er ist das Reittier des großen Gottes Shiva. Damit sei ob seiner Wichtigkeit schon eigentlich genug gesagt. Doch genauer geht's immer: Shiva ist neben Brahma und Vishnu die höchste Gottform oder Aspekt im Hinduismus. Seine Aufgabe: Zerstörung. Brahma erschafft, Vishnu erhält. Shiva bedeutet dennoch „der Gütige." Bekannt war sein Name erst nach dem 1. Jahrtausend v. Chr., vorher trat er als Rudra „der Heulende" in Erscheinung und seine Aufgabe damals: Stürme. Von Sturm zu Zerstörung ist beileibe kein

großer Sprung, fällt also in eine ähnliche Kategorie. Oft wird Shiva mit fünf Köpfen dargestellt, was seine erweiterten Funktionen neben Zerstörung, also von Schöpfung Erhaltung, Zurückhaltung und Gnade versinnbildlichen soll. Man beachte: Obwohl er Teil der Trimurti, Dreiheit, ist, vereint er dennoch auch deren Aufgabenfelder in sich. Sein drittes Auge ist geschlossen und öffnet er es, dann nur im Zorne der Zerstörung, denn das Auge ist aus Feuer erschaffen. Shiva lebt zeitweise im Kailashgebirge und nutzt auch sonst wo er kann sein Reittier, den weißen Bullen namens Nandi. Seine Gemahlin ist die in diesem Buch oft erwähnte Parvati. So gelten beide in abstrakter Form als Shiva und Shakti. Soweit kann man folgen?
Weiterhin sind ihre beiden Zeichen der Phallus und die Vagina, die in ganz Indien hoch verehrt werden.
Und welches Bild kann man Shiva noch anheften? Jenes eines stillen Sees, dessen Wasser ruht. Denn Shiva ist der große Meditierende der asketischen Versenkung und der tiefsten Tiefe, der stillsten Stille.
Im Tantra vereinen sich Shiva und Shakti um durch geschlechtliche Verschmelzung die

Auflösung der Dualität und die Einheit zu ergeben, die durch Erlösung der Dualität ermöglicht wird.
Damit wäre die Fürsprache abgeschlossen.
Zurück nach Südindien.
Zurück ins Hotel.
Ich blieb nur einige Minuten in meinem Zimmer, es hielt mich nicht lange und ich trat auf die Straße. Die Sonne war bereits in Dämmerung übergegangen, doch wollte ich, neugierig wie ich bin, Mysore selbst noch als Stadt erleben. Also ging ich erstmal los, ohne festes Ziel. Die Bürgersteige waren ähnlich, wie in allen größeren indischen Städten mehr durch Gekletter als durch Gehen zu meistern und man bewältigte eine Strecke hauptsächlich nur dann unversehrt wenn man auch darauf achtete wo man entlanglief. Denn die Wege waren manchmal zermatscht, dann wieder fand sich ein Loch, in dessen Innerem die Ziegel zermahlen oder zerbröckelt herumlagen. Manche Teile waren ganz abgerissen, Fassaden klebrig und schmierig, da jeder Mann und jedes Tier daran sich zu erleichtern wusste und der Mix von sandigem, pulverisiertem Stein mit Abfall jeglicher Art, meist Dosen, Papier, Essensrückständen und

ähnlichem besser nicht Identifizierbarem, sind typische Dreingabe um das Bild in seiner Umgeflegtheit abzurunden. Allerdings, und das muß man zugeben: Man würde das wahre Indien vermissen, wäre es anders. Hätte man blitzblank herausgeputzte, glatte Bürgersteige, wäre man mehr als irritiert. Es trägt halt doch zum Charme der indischen Großstädte bei. Und ich liebte es.
Ich ging also los und rauchte eine starke indische „Gold Flake". An Geschäften vorbei, an Karren, auf denen Maiskolben in der Asche (nicht darüber) geröstet wurden. Man bot zudem Chai und frische Kokosnüsse an. Eine solche ließ ich mir munden. Ich hatte gehört es sollte in dieser Stadt einen berühmten Obst- und Gemüsemarkt geben, mit dem wohlklingenden Namen Devaraja. Den wollte ich sehen, wusste aber nicht im Geringsten wohin ich laufen sollte. Weder kannte ich einen Straßennamen, noch hatte ich eine Karte und nicht einmal eine Himmelsrichtung hätte mir geholfen. Irgendwo war der Markt. Aber wo? Irgendwie würde ich dahinfinden. Und da war mein Glück schon: Der Hinweis kam von einem Straßenjungen, der mich plötzlich begleitete und von seinem Leben erzählte.

Und er konnte mir sagen, wo der Devarajamarkt sei, und ja, er könnte ihn mir sogar zeigen. So zogen wir durch die Straßen. Gingen rechts, kreuzten Straßen durch den fahrenden Verkehr, bogen mal hier mal dort ab. Die Straßen wurden kleiner, staubiger, bis nur mehr Wege und Pfade übrigblieben. Dann zeigte der Junge, der gerne Arzt werden möchte und damit eigentlich meinte, er wolle Aromatherapeut werden, und ich etwas bedröpelt aus der Wäsche guckte, auf die kleine Straße:
Dort wäre der Marktplatz, ich müsste nur quer dadurch gehen und ich sähe die Verkäufer und Verkäuferinnen. Er müsste jetzt nach Hause. Und weg war er.
Der Aromatherapeutenanwärter war verschwunden und ich stand in der dunkelnden Stadt alleine rum.
So, und nun?
Hektische Betriebsamkeit wehte mir entgegen. Man feilschte lautstark, dann und wann fuhr eine motorisierte Riksha an mir vorbei, zentimetergenau. Männer mit toten Hühnern unter den Armen schlenderten über die Straße, Jungs spielten Ball und einige Mütter liefen in Gruppen durch die Masse oder hatten

die gesamte Großfamilie im Schlepptau. Und wieder einmal: Nicht ein einziger Westler unter all diesen Menschen. Man bot mir Ananas an, Blumen, Mobiltelefone. Ich lehnte dankend ab und ging weiter.
Ich lief solange bis es letztendlich dunkel und der Markt längst geschlossen war. Und nun war ich plötzlich ziemlich alleine. Also nicht wirklich, aber es mutete seltsam an, als unerwartet nicht mehr vier Leute neben mir auf einem Quadratmeter standen. Irgendwie musste ich den Weg zurückfinden ohne auf eine Riksha aufzuspringen. Also ging ich. Alte indische Männer saßen auf den Stufen ihrer Häuser und blickten mich an. Sie rauchten und guckten. Ich guckte zurück. Ah, an diesem Tempel war ich vorbeigegangen. Sehr gut. Ich war richtig. Inzwischen war es stockdüster, nur die Ampeln und einige Geschäfte waren beleuchtet. Autos fuhren plötzlich auf größeren Straßen, und ich wurde ruhiger. Wo mehr Autos fahren ist eine Hauptader, und von dort musste man irgendwie ins Zentrum gelangen. Aber in welche Richtung?
Ich hatte Glück im Unglück, oder besser gesagt: Glück im Wirrwarr. Entfernt sah ich

die Lichtersilhouette des Maharaja-Palastes und das hieß: Richtung und Wegeinbiegungen waren irgendwie korrekt gewesen. Interessant dass ich genau in der Stunde in diese Straße einbog, von der ich den Palast sehen konnte. Im Hotel angekommen, nahm ich erstmal ein Dinner zu mir. Es waren überwiegend indische Gäste eingekehrt, bloß eine Dame und zwei Herren aus der westlichen Welt. Es waren Italiener und sie debattierten unüberhörbar. Ich hatte genug, war müde und ging. Die Dusche war: Ach je, wieder kalt. Nun gut. Unter meinem Bett rotierte im Stockwerk darunter der Ventilator derart auf Höchsteinstellung, dass das Holz der Bettkopfkante vibrierte. Und ich war müde. Ohrstöpsel eindrehen und langsam verschwand auch das Klappergeräusch des Ventilators...und schon musste ich geschlafen haben, denn ich kann mich an keine weitere Minute erinnern.

## *KAPITEL 8: Wie man in Indien einen heiligen Berg hochläuft*

Woran erkennt man, dass man in Indien in einer größeren Stadt angekommen ist? Erstens: Die Behausungen sind erstmals überwiegend Häuser und keine Hütten. Zweitens: Es fahren auch europäische größere Automarken umher und nicht nur alte britische Ambassadors oder solche der indischen Marke Tata. Drittens: Die Frauen tragen manchmal tatsächlich die Juwelen, die auf den Riesenplakaten beworben werden. Viertens: Die jungen Mädchen tragen keine indischen Gewänder sondern Hello-Kitty-Shirts. Fünftens: Jeder redet dauernd und ohne Unterlass in sein Mobiltelefon. Ok,

streichen Sie das. Das ist überall so, von der Großstadt bis zum kleinsten Kaff.
Aber die anderen Punkte stimmen alle.

Ich erwartete in Hassana ein übles Hotel, ein Hotel wie in Tiruchirappalli oder Ooty, da dieser Ort eine kleine Stadt ist. Leider lernt man allzuschnell und daher irrt man auch schnell, aber der Mensch zögert nun mal übereifrig und fürchtet sich. Mysore dagegen war sehr angenehm. Mit gemischten Gefühlen empfand ich daher die Fahrt, doch genoss erneut die Aussicht auf die sich abwechselnden Bilder die auf meine Netzhaut trafen. Und ja, das Leben überraschte mich und präsentierte mir ein wundervolles Hotelzimmerchen. „Do you want a king-size bed?“ Aber ja doch. Wenn schon Karma, dann solches. Irgendwie sollte ja auch eine Balance hergestellt werden zwischen den unsäglichen Betten, den verschimmelten Wänden oder den Kakerlakenhinterlassenschaften. Jetzt also mal was Tolles. Kurz darauf befanden wir uns wieder auf dem Weg ins nächstgelegene, 31 Kilometer entfernte Dorf, namens Halebid. Halebid ist tatsächlich ein Dorf, Hauptschauplatz und zugleich einzige Einnahmequelle ist der Tempel und das ihn umringende Gelände. Hartnäckig sind die Verkäufer schon. Kaum vorstellbar dass dies einmal die Hauptstadt des Hoysala-Reiches gewesen sein sollte im 12. bis zum 14. Jht. Ende des 12. Jhts. wurde hier der Hoysaeshwara-Tempel errichtet. Man sieht ihm schon an, dass er architektonisch gänzlich anders strukturiert ist und optisch einfach absolut von fabelhafter Schönheit. Alle, aber auch alle Innen- und Außenwände sind zentimeterdicht mit Reliefs bedeckt, es gibt keine Wand ohne Verzierung, ohne Hinweis auf einen Gott, eine Göttin, oder eine Steinwerdung aus längst vergangenen Märchen, Geschichten und Legenden. Der Halebidtempel ist in zwei Einzeltempel eingeteilt: Hoysaeshwara ist Lord Shiva gewidmet, der andere, Shantaleshwara der Shantala Devi. Jeder einzelne Fries ist ornamentiert, kunstvoll und mit Hingabe mit mythologischen Szenen bedeckt. Darüber hinaus: Ein unglaublich schöner Nandibulle bewacht wieder einmal einen Shivatempel, wie es eben Tradition ist. Zwei Dvarapalakas, Tempelwächter, bewachen den Eingang zum Heiligtum. Über dem Tor thront ein Shiva-Relief, das von zwei

Makaras, mythischen Seemonstern, eingerahmt wird.

Weiter nach Belur. Die Sonne brannte brutal. Bereits auf der zum Tempel hinführenden Straße sah man am Ende der Straße das große Eingangstor, wie es sich majestätisch und prunkvoll über der Stadt erhebt. Die flirrende Hitze ist Zeuge des beeindruckenden Chennakeshava-Tempels der diesmal nicht Shiva sondern Vishnu gewidmet ist. Das Areal ist riesengroß, eine Menge Menschen tummelte sich dort. Im Innenraum, der von einer runden Plattform (Mandapa) beherrscht wird, auf dem Tempeltänzerinnen einst mit ihrer Ausdrucksform den Göttern huldigten, sind ebenfalls die Trägersäulen eine absolut sehenswerte künstlerische Leistung. Jede Säule sieht anders aus und die Präzision mit der sie geschliffen sind, ist atemberaubend. Durch die steinernen, durchbrochenen Wandgitter fiel das Licht streifenförmig und bietete dem Reisenden und dem Betenden eine Atmosphäre, die eine Heiligkeit des Ortes empfindbar machte. Von oben sieht der Tempel wie ein sternförmiges Mandala aus denn alle gezackten Linien die einer Tempelecke entfliehen, finden ihre Spiegelung ebenso in einer Eckenausbuchtung auf dem Wandelweg um den Tempel herum. In der hintersten Ecke befindet sich der Schrein des Vishnu, dem Welterhalter. Oft wird er mit dunkelblauem oder schwarzem Körper dargestellt. Er ruht auf der göttlichen Schlange Ananta und ist der Gatte der Lakshmi.

Seine familiäre Bindung an seine Frau zeigt sich jedoch nicht nur in seiner göttlichen Form, sondern jeweils auch in seinen zehn Inkarnationen, in den sogenannten Avataras. Seine zehn Avataras sind: Fisch, Schildkröte, Wildeber, Mannlöwe (Narasinha), Vamana (Zwerg), Rama mit Axt, Rama ohne Axt, Krishna, Buddha und die letzte noch ausstehende Inkarnation: Kalkin.

Lakshmi begleitete Vishnu in seiner Zwergform als Padma, als Dharani als er Rama mit Axt war, und als sehr bekannte Form Sita als er als Rama ohne Axt existierte. In seiner Krishnaform ging ihm Lakshmi als Radha dienend zur Hand. Noch Fragen? Man könnte allein über Vishnus Avataras ein ganzes Buch schreiben, der Autor sieht jedoch

an dieser Stelle davon ab, weitere Ausführungen folgen zu lassen.
Aber haben sie den Link, bzw. die Schnittstelle bemerkt zwischen Hinduismus und Buddhismus? Der Hinduismus hat Buddha einfach als Inkarnation von Vishnu anerkannt und damit untergeordnet und einverleibt, zugleich eine Daseinsberechtigung der neuen buddhistischen Weltanschauung ermöglicht. Der Buddhismus zog nach und degradierte Gott Rama (alias Vishnu) im Mahayana zu einem Boddhisattva. Letztere sind keine Götter, sondern befreite Menschen. Allzumenschliches Treiben in dieser vormodernen Soap-Opera zwischen Göttern, Avataras, Menschen und wundersamen tiergestaltigen Göttern, wie Sie sehen können.
Als ich den Tempel verließ, saß ich noch einige Zeit mit drei Indern auf den Stufen des Eingangstores, die eigentlich die Schuhabgabe betreuen sollten, jedoch irgendwie eher Lust hatten mit dem Reisenden zu reden. So saßen wir dort in der Sonne und redeten über Gott Vishnu und die Welt. Sie fragten natürlich auch ob ich verheiratet sei und ob ich Indien toll finden würde. Nein. Ja.

Schulterklopfen ihrerseits. Ein Strahlen auf allen Gesichtern. Zwischendurch wandte sich wieder einer von ihnen ab um einem Besucher Schuhe zurückzugeben oder solche anzunehmen, gesellte sich aber schleunigst wieder zur Gruppe, um ja kein Detail zu verpassen. Ich verabschiedete mich, winkte und wanderte durch den Staub zu Rajeshs Wagen. Der schlief derweil im Innenraum.
Mit Bestimmtheit kann man sagen, dass der Mensch in seinem Bestreben, seiner Götterwelt wunderschöne, aus ästhetischer Sicht unglaubliche Bauten errichtete und Bet- sowie Tanzräume hochzog, die manchmal ihresgleichen suchen. Beeindruckend wie diese Menschen aus purem Willen und körperlichen Strapazen heraus sich Höherem hingaben, sich und ihre Kräfte verausgabten für ein Nichtsichtbares. Das wird besonders auch in Indien sehr deutlich.
Am späten Nachmittag, nach geglückter Rückkehr über Schlaglöcher und mit dennoch heilen Reifen, stand ich erst einmal auf der über eine eiserne Leiter erreichbare Terrasse. Ein großer, hagerer Mann saß breitbeinig auf einem der Stühle, eine Zigarette in der Hand und sehr freundlich dreinblickend.

Wir begrüßten uns, rauchten und kamen ins Gespräch. Er sei der ortsansässige Zahnarzt und genieße manchmal an der Bar einen oder zwei Whiskys. Was ich denn alles schon gesehen hätte? Woher ich komme? Er erzählte von seiner Mutter, die er an diesem Tag am Flughafen abholen müsse, sie wäre ein halbes Jahr in Europa gewesen. Interessant. Er rauchte noch eine. Die Sonne prallte auf die Terrasse. Er würde Bangalore empfehlen, sagte er und ich antwortete, ich würde am folgenden Tag dort aufschlagen. Das erfreut ihn sichtlich.
Wir verabschiedeten uns. Er ging. Ich blieb sitzen und blickte hinunter auf die Straße.

Am Abend saß ich alleine an meinem Vierertisch und der gesamte Raum war brechend voll. Das war in der Tat das einzige Mal, dass ein Essraum überhaupt so viele Menschen fasste und dann auch noch so viele dass einige nicht eintreten konnten, weil kein Tisch frei war. Meistens waren es indische Familien die hier die Feiertage verbringen wollten. Man denkt eigentlich nicht daran, dass Inder in ihrem eigenen Lande Ferien machen, aber doch, so ist es.

Am Tisch links neben mir etwas weiter hinten, saß ein Pärchen mit einem Kleinkind. Der Ehemann lächelte freundlich. Wir prosteten uns grundlos zu, er mit Bier, ich hatte süßen, sehr süßen indischen Wein. Als sich kurze Zeit später der Raum etwas lichtete, ging die Frau mit dem Kind auf ihr Hotelzimmer, der Mann allerdings blieb. Er kam an meinen Tisch und fragte ob er sich setzen dürfe. Aber gern, entgegnete ich, ich war froh etwas Gesellschaft zu haben und er anscheinend auch.
Er meinte, ich hätte so einsam ausgesehen, er hätte seiner Frau gesagt, er wolle deshalb noch etwas bleiben um mit mir einfach etwas zu quatschen. Ich fand das sehr sympathisch und äußerst spontan. Er stellte sich als Vijat vor, Ingenieur bei einer großen deutschen Elektronikfirma. Er sei viel gereist, habe auch einige Jahre in Deutschland gewohnt, wüsste also auch wo Luxemburg läge. Wir redeten über Kunst, Architektur, meine bisherige Reise. Er zeigte mir auf seinem iPad Photos von seinen Reisen durch die ganze Welt. Wir verstanden uns. Wir tauschten E-Mail-Adressen und tranken. Etwas angeheitert schlug ich vor, die abenteuerliche Ter-

rasse aufzusuchen, die man nur über diese eiserne Leiter erreichen konnte. Er willigte ein und nahm gar eine Zigarette an, obwohl er eigentlich nicht mehr rauchte. Ich fragte ihn ob das nicht Probleme mit der Frau nachher im Hotelzimmer geben würde. Er lachte und meinte Nein, manchmal dürfe er das. Erneutes Lachen. Die Luft war noch warm und angenehm. Ein gelungener Abend und ein überraschendes Ende des Tages. Aber genau das waren die unerwarteten Momente, die ich so sehr in Indien mochte. Die unangemeldeten Augenblicke, die Bekanntschaften oder atemberaubende Kunstwerke.

Ich hatte prima geschlafen in meinem King-SizeBed. Die Sonne stieg und Rajesh hatte das Auto bereits gewaschen und hatte, man fragt sich woher, wieder einmal Jasminblüten besorgt für seine kleine, goldenfarbene Ganeshastatuette. Unser Ziel war Bangalore. Aber dazwischen lag noch eine sehr, sehr lange Strecke über die Landstraßen des Staates Karnataka. Und desweiteren: Eine Zwischenstop in Shravana Belagola.

Das kleine Städtchen, etwa 160 Kilometer von Bangalore entfernt, hat knapp 9000 Einwohner und ist bekannt für seine Tempelanlage auf dem Berg Vindyagiri. Dort, im obersten Tempel steht die weltweit größte monolithische Statue, 18 Meter hoch, und verkörpert Gomateshwara. Wer zum Teufel ist Gomateshwara? Die Figur repräsentiert einen Asketen des Jainismus und ist komplett unbekleidet. Tausende Menschen hetzen also den Berg hoch um einen 18 Meter großen Nackten zu sehen. Es gibt auch immer noch Priester dort und der Tempel wird aktiv genutzt. Um es einfacher zu gestalten: Bekannt ist die Religion vordergründig wegen den in Weiß gekleideten, mit Mundschutz und Besen bewaffneten Männern. Sie wollen nämlich keinem Wesen etwas zu Leide tun, Einatmen von Kleinsttieren zum Beispiel soll vorgebeugt werden und der Besen befördert zur Seite was ansonsten unter den Füßen des Jains getötet werden könnte. Eigentlich eine ganz putzige Idee, leider sehr schwer lebbar. In der Weltanschauung des Jainismus hat sich eine der ältesten indischen Philosophien bruchstückhaft durchgesetzt, die selbst im Hinduismus nicht mehr vorhanden ist. Für die Jains ist das Universum ewig und unendlich, ohne Ende oder Anfang. Ein göttlicher Funke hingegen soll in allem Seienden stecken, auch in Luft, Wasser und Stein. Die Beseeltheit aller Dinge ist also der vorsokratischen Naturphilosophie sehr ähnlich. Stifter des Jainismus war ein Königssohn, der auf den Namen Vardhamana (Geburtsname Mahavira) hörte und im 6. Jahrhundert v. Chr. diese Idee aus einer schon bestehenden altindischen Grundidee weitergestaltete und erneuerte. Vardhamana verlor seine Eltern und sagte dem Prunk und Reichtum ab. Fortan lebte er als Wanderasket. Alle Jains sind also logischerweise auch gestrenge Vegetarier und exaltierte Asketen. Die Losung könnte so formuliert werden: Das Nötigste zum Leben ist noch zuviel! Oder so ähnlich. Sympathisch ist es allemal, wenn auch sehr spartanisch angehaucht. Das geht soweit, dass sie ihre heiligen Texte auswendig lernen, denn schriebe man sie nieder, müsste dafür wieder ein Baum gefällt oder ein Stein geopfert werden und der innewohnende Gottfunke würde damit in diesen Dingen gestört oder beleidigt. Man weiß es nicht. Man nennt diese Handlung Ahimsa – also: Nicht-Verletzen.

Das Auto wackelte über Schlaglöcher, dann und wann gab es sehr gute Straßen und dennoch fuhr man höchstens 80km/h, das war die absolute Höchstgrenze. Niemand fuhr schneller.
Links und rechts der Route zogen weiße Ochsen uralte Karren, daneben herlaufend oder darauf, Männer in Dhotis oder auch zwei. Reisen ist schön. Ich erinnerte mich an eine Zeit, vor genau zwölf Jahren, da hatte ich noch panische Angst vor dem Fliegen, heute schlief ich gar beim Abheben des Flugzeugs bei strömendem Regen ein. Also alles eine Frage der Selbstüberwindung und der Selbstkonfrontation.
Was für mich wichtig ist und immer sein wird: Der Reisende hat definitiv mehr vom Leben als der in seiner Bude hockende Denker. Bestes Beispiel: Der Philosoph Kant. Er lebte und starb in Königsberg, sein Leben verstrich unbewegt bis langweilig. Er verfasste zwar exorbitante Schriften, letzten Endes aber hatte er nie mehr von der Welt gesehen als 30 Kilometer ost-, nord-, süd- oder westwärts von Königsberg. Zwar hatte er eine Einigung zwischen Rationalismus und Empirismus gefunden, aber wer blickt fröhli-

cher und glücklicher auf sein Leben zurück und in die Welt hinein? Kant oder der Reisende? Eben.
Was soll denn jener Wust aus Gedanken, wenn man noch nicht einmal der Sehnsucht verfallen ist den Horizont zu entdecken? Wer nicht im Herzen lebt, lebt gar nicht.

Und wer nie andere Kulturen und menschliches Tun gesehen und erlebt hat, der soll auch keinen Kategorischen Imperativ in die Welt setzen. Da bin ich doch geneigter ein Reisender im Herzen als Denkender im Abstrakten zu sein. Und wer gewinnt an Toleranz und Verständnis Fremden gegenüber? Der Denker oder der Reisende? Die Frage erübrigt sich wohl, oder? In Mauretanien lautet ein Sprichwort: „Wer nicht reist, wird nicht den Wert der Menschen schätzen lernen."

Im Auto meinte Rajesh, ich würde etwa zwei Stunden brauchen um den Berg zu besteigen und wieder zurückzukehren. Ich kannte weder den Berg, noch die Art des Aufstiegs, daher ließ ich es darauf bewenden und blieb offen was da kommen mochte. Ich hatte das

Gefühl, ich sollte es von der sportlichen Seite sehen und versuchen so schnell wie möglich rauf und runter zu gelangen und den Aufenthalt oben im Tempel umso mehr genießen und fühlen zu können.
Als ich vor dem Tor stand, das man durchschreiten musste, um zur ersten Stufe zu gelangen, merkte ich, warum ich nicht so schnell sein würde: Ich hatte gänzlich vergessen, dass es sich um ein heiliges Terrain handelte, der Tempel sowieso, aber nicht weniger der Berg. Daher durfte man nicht mit Schuhen oder Sandalen hochgehen, sondern musste den Berg barfuss besteigen! Ich lächelte, gab meine Sandalen am Hüterstand ab und begab mich zum Ausgangspunkt des Aufstiegs. Die Stufen waren unregelmäßig in den Berg geschlagen, einige waren schiefer, niedriger oder höher. Man fand keinen wirklichen Rhythmus wegen dieser Asymmetrie. Trotzdem hetzte ich hoch. Der harte Stein unter meinen Füßen kratzte. Manchmal tat jeder Schritt weh und man kann nachempfinden, welche körperliche Qual es auch vor Hunderten von Jahren gebracht haben musste.

Meine Fußballen schmerzten als ich auf halber Höhe war und ebenso pausierte wie alle anderen. Viele hielten sich am Geländer fest um nicht Gleichgewicht und/oder Bewusstsein zu verlieren. Einige Minuten später war ich ganz oben angekommen.
Mein Shirt war komplett durchnässt. Es war brutal warm. Ich stand und atmete. Atmete. Blickte um mich. Die Aussicht war ebenso atemberaubend, wie der Aufstieg Atem raubend. Unter mir wuselten die Menschen durch die Straßen des Ortes. Man sah den Tempelteich ganz unten. Etwas weiter eröffnete sich die fruchtbare grüne Ebene in ihrer ganzen Natürlichkeit, dahinter ein Berg. Die Sonne brannte erbarmungslos.
Wenn man die 660 Stufen hochgeklettert war, ruhte man sich auf einer etwas schrägen Steinplatte mit einem Vortempel aus, aber die Statue stand etwas höher, und man musste wieder durch Tore und über Stufen klettern um dort hochzukommen. Die meisten Menschen waren komplett am Ende und setzten sich erst einmal hin bevor sie den letzten Teil in Angriff nahmen.

Ich platzte geradewegs in ein Ritual hinein, als ich um die Ecke bog und mich unter einem Tempelvordach im Schatten gegen eine Säule lehnte. Ich schwieg. Die gewaltige, sehr gut erhaltene Gommateshwara-Statue ragte hoch in den Himmel hinein. Das war also die größte monolithische Statue der Welt also...beeindruckend.
Ihr zu Füßen hielten sich einige Priester auf. Instrumente wurden gespielt. Auf dem Ritualplatz davor saßen Menschen in traditionellen Ritusgewändern. Ihre Augen waren geschlossen. Sie rezitierten mir umbekannte Mantras und Gebete und ich hörte ihnen gebannt zu. Noch waren nicht so viele Leute oben, die schienen alle noch auf dem Weg nach oben zu sein. Ich umrundete den Platz, saß und hörte zu. Ich blickte einfach, ohne Gedanken und nahm Teil an der Stimmung. Nur Schauen. Frieden. Die Sonnenstrahlen spielten auf Brust und Gesicht der Statue. Zeit verging.
Ich kehrte um und begann den Abstieg. Schmerzende Fußballen. Doch glücklich und friedlich. Meine erste Amtshandlung unten am Fuße des Bergs: Ich kaufte einen Liter Mangosaft und trank ihn in einem Zug. Ra-

jesh war überrascht mich so früh schon wiederzusehen. Wir lachten. Ich war weit unter der Zeit wieder zurück, die er mir eingeräumt hatte. Ich zog mich um, mein Shirt schien wie durch Wasser gezogen. Wir standen etwas rum, redeten über Shravana Belagola und ich hörte auch aus seinen Worten heraus, dass er sich sehr freute seine Heimatstadt Bangalore wiederzusehen. Ich klopfte ihm auf die Schulter. Wir verstanden uns wirklich sehr gut. Er war nicht mehr nur mein Fahrer, er war ein Freund geworden, denn wir hatten vieles geteilt auf dieser Reise, von den indischen Zigaretten abgesehen, die teilten ich sowieso mit ihm. Wir hatten uns auf unseren langen Fahrten ausgetauscht über Religion, die Unterschiede und Gemeinsamkeiten unserer Kulturen, den Menschen. Wir redeten über Liebe, Frauen und über unsere Familien. Offen. Ehrlich. Und immer interessiert an dem anderen und an dem was er zu sagen hatte. Ich vertraute ihm und er mir.
Wir bewegten uns auf die Großstadt Bangalore zu, die Straßen wurden breiter, mehrspuriger, die vermehrte Beschilderung auffälliger und die Kilometerzahlen purzelten. Vor

dem Check-In: Kurze Tour durch das Beamtenzentrum. Davor: Besuch des Prabhupadha-Tempels. Zwar der Sekte Hare Krishna zugehörig, wollte ich die Unterschiede zum realen Hindiusmus sehen und passieren konnte mir schließlich auch nichts. In diesem Tempel bin ich auf der gesamten Reise erstmals richtig wütend geworden. Warum? Weil man durch diesen Tempel mittels Metallgeländer geführt wird wie Kühe. Und genauso unkritisch schienen die Menschen hier zu sein, die eine lebensgroße, goldene Statue des Sektenstifters mit Blumengirlanden und Blüten bestreuten und anbeteten. Die naive, gutgläubige Idealisierung und Verehrung eines Menschens war hier in Maßlosigkeit und Blindeit übergegangen. Man konnte nicht ein einziges Mal ausscheren aus dieser Umzäunung. An Ess -und Buchständen gings vorbei, bis man sich schließlich irgendwann vor dem Schuhabgabestand wiederfand.
Ich hatte in mein Reisetagebuch folgendes geschrieben: *„Schlau durchgeführt, zielhaft, wie willenloses Vieh, manipulativ, choiceless durch Metallabzäunungen geführt. Irgendwann wurde ich wütend, weil alle so freaky unkritisch sind. Zu ab-*

*nungsloser Anbetung verkommen oder zur Geldmacherei, ausnutzend, kalt.“*

Ich war froh wieder die Sonne zu sehen und Rajeshs Auto.

Als wir in Bangalore vor dem Hotel ankamen, überkam mich die Übelkeit. Ausgerechnet hier hatte ich nicht erwartet, auf die übelste Herberge dieser Reise zu treffen und dass plötzlich mein Gepäck aus dem Zimmer verschwunden war...

## *KAPITEL 9: Insektenkaffee, Flughafenwarterei und die Liebe zu Mumbai*

Manchmal erlebt man einen solchen Schrecken dass man nur noch funktioniert und im Schockzustand überhaupt nichts mehr fühlt. Das Hotel in Bangalore, vor dem mich Rajesh absetzte, kannte weder er noch ich. Nun ja, dass ich es nicht kannte war nicht weiter bedeutend, aber er hatte hier noch nie einen Reisenden abgesetzt. Und das sollte nichts Gutes verheißen. Der antriebslose, uninteressierte und noch weniger als begeisterungsunfähig zu bezeichnende Rezeptionist der den Sinn von „zuvorkommend" wohl noch

nie gehört haben mochte, bearbeitete meinen Check-In mit einer Lustlosigkeit, die ich selten gesehen habe auf Reisen und auch sonst nirgendwo. Selbst total bekiffte und besoffene Studenten in meiner aktuellen Heimatstadt waren an jenen Besäufniswochenenden noch orientierungsreicher und flinker im Geiste als dieser Kerl. Darüber hinaus hatte er überhaupt keine Ahnung dass ich als Gast dort einchecken sollte. Nichts war vorgemerkt. Das Hotel sah schon von außen schmierig und runtergewirtschaftet aus und auch das Treppenhaus und der Aufzug waren vor schätzungsweise zwölf Monden zum letzten Mal geputzt worden. Auf der Treppe gegenüber des Aufzugs lag halb sitzend eine alte zahnlose Frau und schlief dort. Schöner Anblick... Oh ja, ich erwartete das Schlimmste im Zimmer. Meine Befürchtungen schienen exakt jene Gestalt anzunehmen. Hätte ich doch nur was Schönes gedacht...
Es roch muffig, das Fenster zeigte auf eine dreißig Zentimeter davon entfernte graue Ziegelwand und der Vorhang war auf einer Seite herabgefallen, bzw. gerissen. Der Schmutz hatte wohl zu dicht darauf gelegen. Das Bettzeug war modrig und verfilzt, das

Licht diesig wie in einem Prostituiertenzimmer allerletzter Güte. Vom sogenannten Badezimmer möchte ich gar nicht erst anfangen. Mein Zimmer 204 sollte zwar einen Kartenschlüssel haben, der aber funktionierte natürlich nicht. Darauf hätte man auch wetten können. Also gab man mir den handelsüblichen Schlüssel an der Rezeption. Ich blickte mich um und dachte: Nein, hier bleibst du diesmal nicht. Du willst von dieser Stadt Bangalore keine solche schlechte Erfahrung mit nach Mumbai und nach Hause nehmen. Ich entschloss kurzerhand Rajesh anzurufen. Dreißig Minuten später war er wieder zurück. Schon stand ich draußen auf dem Bürgersteig in der prallen Sonne und erklärte ihm was los sei. Ich meinte, er sollte sich das Zimmer ansehen. Wir nahmen den Aufzug zum ersten Stockwerk, ich öffnete mit meinem Schlüssel das Zimmer: Alle meine Sache waren weg!

Dann ging alles ziemlich schnell. Ich war außer mir, zum zweiten Mal an diesem Tag, aber diesmal war es bedeutungsvoller. Beide Koffer, der Pass, das Geld, alles weg. Rajesh, der sonst das sanftmütige Temperament eines Elefanten hatte und unglaublich ruhig blieb,

schrie den Rezeptionisten in seiner Muttersprache an, was zur Folge hatte dass sich ein handfester Streit entwickelte. Ich wartete auf die erste fliegende Faust.
Es stellte sich heraus: Man hatte mir den Schlüssel zu Zimmer 104 gegeben, das exakt unter 204 gelegen hat, und es sah auch identisch aus, nur eben ohne meine ganzen Sachen. Trotzdem: Derart fahrlässig dürfte man nicht sein. Was wäre gewesen wenn in 104 nun jemand gewesen wäre? Ich hätte seine Sachen klauen können. Und ein anderer hätte den wirklichen Schlüssel haben können zu meinem Zimmer...und so weiter. Die alte Frau saß nun nicht mehr rum sondern stand ich der Tür und gackerte ihr zahnloses Lachen. Was hatte sie überhaupt da zu suchen? Das Gerede ging weiter, der Streit drohte auszuarten. Ich versuchte Rajesh zu beruhigen, ich packte ihn an der Schulter und zog ihn raus auf die Straße. Wir luden meine Koffer ein, er schmiss dem Rezeptionisten noch einige Schimpfwörter hinterher und wir fuhren. Er meinte, er würde erst zu seiner Mutter und seiner Schwester fahren, wenn er mich in einem ordentlichen Hotel untergebracht hätte. Das war sein Ziel. Das lag ihm

am Herzen. Und er war wütend darüber wie dieses Bangalore-Hotel Gäste behandelte. Er nahm es fast persönlich. Er schipperte mich durch die ganze Stadt, von einem Ende zum anderen, wie es schien und ganz in indischer Manier: Hupend, scharf anfahrend, abrupt abbremsend. Dazwischen: Millimetergenaues Geschlängel am nahezu stehenden Verkehr vorbei. Vor dem Golden Residency Business Hotel blieben wir stehen. Wolken zogen auf. Ich wollte die Zimmer hier erst einmal sehen. Der Rezeptionist war freundlich, entgegenkommend und entspannt.
„You want a Deluxe AC room, or a Suite?"
Und ja, ich konnte beide vorher sehen und prüfen obs ok sei. Vom Anblick beruhigt, checkte ich ein. Visa? „Yes of course!"
Dann aber hatte das Visagerät einen Blackout, Stromausfall war es zwar nicht aber Geduld war ja ohnehin angebracht, so dass nicht mal mehr das mich aus der Ruhe brachte. „You got another card?" Ich verneinte, sagte dann aber es läge sicher nicht an der Karte. Er meinte, das könne gut sein. Er lachte, bleckt die Zähne. Nach mehrmaligem Probieren, Rein- und Rausschieben die Diagnose: Nein, klappt nicht. In der Nähe sei je-

doch ein Geldautomat, ich könnte dort Rupien bekommen. Ein sehr junger Angesteller (war der überhaupt fünfzehn?) begleitete mich und ich kam noch ins Hotel zurück, bevor es anfing zu regnen.

Ich zog also dort für eine Nacht ein, verabschiedete den nun zufriedenen Rajesh und überließ dem Liftboy für 10 Rupien meine Koffer. Gut, man muss dazu sagen: Der Begriff „Suite" hört sich für westliche Ohren nach etwas an, wofür man ein ganz bestimmtes Bild im okzidentalen Kopf haben mag, aber was hier in einem sternlosen Hotel „Suite" ist, ist längst nicht zu vergleichen mit einem, sagen wir mal, deutschen Steigenberger Hotel. Diese Vergleiche hinken nicht nur, sie sind gar gänzlich illusorisch. Allein die Preise zeigen den offenkundigen Unterschied überdeutlich. Doch zumindest war es sauber. Auf Photos sehen aber Hotelzimmer immer anders aus, haben Sie das schon einmal bemerkt? Dieses hatte einen eigenen, nicht zu verachtenden Stil und ich mochte diese cremeweiße Leder/Holz-Verbindung und die weißen Wände, welche die Ausstattung umrahmten. Es gab zwar eine Kakerlake, die mich durch ein bestimmtes Loch in der Decke besuchen kommen konnte und wieder dahin zurück verschwand, doch das tangierte mich nur noch in Form einer Randnotiz. Vor etwa neun Jahren in Torrevieja, Spanien, wär ich nicht nur entsprechend angeekelt gewesen, ich wäre schier komplett ausgetickt deswegen. Aber so ändert man sich eben. Und ich denke, das ist gut so. Anders wäre nämlich Indien absolut das falsche Reiseland gewesen. Wenn Sie also Angst oder Ekel vor Kakerlaken, Ratten oder sonstigem Ungeziefer haben, legen Sie es vorher stufenweise ab oder therapieren Sie sich gleich selbst an Ort und Stelle durch Hardcore-Konfrontation. Das gelingt auch und hilft ungemein.

Ich dinierte in der gegenüberliegenden Absteige, die mir der Rezeptionist empfohlen hatte. Es war brechend voll, allerdings auch weit und breit keine Westler zu sehen. Es war nicht für Reisende gedacht, das war mir schnell klar. Und die Art, wie mich die Kellner anstarrten, zementierte diesen Verdacht nur noch stärker. Es gab ja noch nicht einmal eine Speisekarte. Irgendwie konnte ich dann doch klarmachen was ich haben wollte. Das Dosa schmeckte vorzüglich, doch blieb ich

nur so lange wie nötig. Irgendwann nervt es dann doch wenn man Thema des Raumes und Zentrum der Blicke ist.
Ich erkundete die Nebenstraßen, kurze Zeit später fing es wieder an zu regnen. Ich verzog mich aufs Zimmer.
Ich wachte früh auf, denn man hätte denken können, die Angestellten dieses Hotels hätten sich genau vor meiner Tür versammelt. Man redete lautstark und vergaß wohl dass das Hotel Gäste beherbergte die auch mal schlafen wollten. Um halb sieben so geweckt zu werden war unschön und brutal.

Ich freute mich auf ein Frühstück. Man hatte mir am Abend zuvor mitgeteilt, man würde sich um halb neun melden und das Bestellte hochbringen. Dem war dann doch nicht so. Die Bestellung, die man mit großer Mühe in allen Details aufgesetzt hatte, schien wie vom Universum verschluckt. Als es an der Tür klopfte fehlte der Kaffee.
„There is no coffee!“ – „Coffee?“ – „Yes, I ordered coffee“ – „Ok, minute.“ Und flugs war der Bedienstete weg.
Nein, er war keine Minute, nein, er war keine Viertelstunde weg. Er kam gar nicht

mehr. Man hatte es vergessen. Ich hätte ihm das Trinkgeld nicht sofort geben sollen. Mein Fehler. Anfängerfehler. Zu nett.
Der Kaffee kam, wohl auf Umwegen, doch noch zu mir. Erster Geruchstest: Super, richtiger Filterkaffee, kein Nescafé. Ist es nicht seltsam dass man in Südindien meist Pulverkaffee bekommt obwohl dieser Teil Indiens für seinen Kaffee bekannt ist?
Der erste Schluck. Erster Synapsengedanke: Hm. Lecker. Zweiter Synapsengedanke: Was ist dieses schwammige Teil in meinem Mund? Ich spuckte den Kaffee aus: Ja, lecker, vor mir lag ein dem Ohrenkneifer ähnelndes Tierchen...wenigstens tot.
Ich schüttelte den Kopf, rührte aber nun mein Frühstück auch nicht mehr an. Wenn schon der Kaffee so aussieht, möchte ich gar nicht erst wissen wo das labbrige, unansehnliche Dosa und der krustenlose Toast hergestellt worden sind. So schnell verfliegt die Lust auf Essen. Erstaunlich. Kurzerhand entschied ich, mir an der Ecke draußen eine Flasche Mangosaft zu holen. Das sollte nun mein Frühstück sein...Ja, so schwinden Hoffnung und Zuversicht.

Wenn Sie unbedingt abnehmen möchten, lege ich Ihnen eine Reise nach Indien ans Herz. Das meine ich keinesfalls ironisch. Entweder Sie schwitzen die Kilos weg, essen tun Sie eigentlich auch grundsätzlich weniger oder Sie erkranken wie so viele an tagelangem Durchfall. Eine Adaptation des Körpersystems an das Essen, an andere Bakterien: Der sogenannte und gefürchtete „Delhi-Belly", der Delhi-Bauch. Letzeres war mir glücklicherweise ganz erspart geblieben.

Einige Stunden später holte mich Rajesh ab um mich zum Flughafen zu fahren. Es war unser letzter Tag zusammen. In Bangalore endete seine Fahrt mit mir und für mich. Ich freute mich auf den Binnenflug von Bangalore nach Mumbai. Mumbai selbst erwartete ich auch mit großem Behagen. Dort würde die Reise enden, nach über 2.500 Kilometern über Landstraßen und Berge. Etwas Melancholie kam auf, aber die wachsende Aufbruchstimmung war intensiver.

Um drei Uhr sollte mein Flug sein, um zwölf stand ich schon am Flughafen. Die Dame meiner Flug-Company meinte, diesen Flug

gäbe es nicht. Ich dachte: Nicht mehr, noch nicht, aber überhaupt nicht? Wie denn das käme? Ja, schon vor einem Monat wären die Flüge verändert worden und die einzigen Abflüge nach Mumbai wären die um 10.15 oder 19.40 abends. Ich schaute auf meine Uhr: 12:13.
Ich guckte wohl etwas verdutzt. Dann versuchte ich es auf die Charmetour. Das nette junge Mädchen lächelte mich an, meinte dann, sie würde sehen was sich machen ließe. Einige Minuten später, nach einem Telefonat und etwas Getippe am Computer, meinte sie dann strahlend, sie könne mich kostenlos umbuchen auf abends, wenn mir das genehm wäre.
Ich nickte. Ja, sicher, irgendwie muss ich ja nach Mumbai. Egal wie, egal womit, Hauptsache so früh wie möglich. Was ich in diesem Moment gedacht habe? Ich schaue gerne Frauen zu, wenn sie konzentriert sind, ob in ein Buch vertieft oder einen Bildschirm anblickend. Das hat was Hypnotisierendes.
Sie druckte mir das E-Ticket aus und wünschte mir einen guten Flug. Sie lächelte mich immer noch an, als ich mich schon einige Schritte weiter, nochmals umdrehte...

Vor dem Eingang zum Flughafenhauptgebäude standen bewaffnete Wachmänner, checkten Pass und Flugticket, meinten dann: Wenn ich hineingehen würde, dürfte ich den Flughafen nicht mehr verlassen.
Meine Frage: Ob denn drinnen eine Lunchmöglichkeit bestehe.
Nicken. Sicherlich.
Ich ging hinein.
Drinnen gab es natürlich keine Lunchmöglichkeit, dafür aber ein *Café-Today*-Laden. Wieder einmal. Ich musste lachen. Erste Frage: Was essen? Zweite Frage: Was soll ich sieben Stunden lang tun? Mich umsehen? Musik hören? Lesen? Reisetagebuch schreiben? Letzteres hat man aber auch schnell abgehakt und dann sitzt man nur diesig rum und wird müde vom Nichtsmachen. Check-In konnte ich erst um 16 Uhr anvisieren. Wenigstens konnte man sich so von Zeitpunkt zu Zeitpunkt hangeln.
Der Café-Today hatte glücklicherweise einen vegetarischen Burger. Ansonsten: Kaffee trinken. Ich wanderte umher, sah mir die Menschen an. Die Zeit zog sich wie Gummi. Ich bin eher bekannt dafür nicht solche Geduld aufbringen zu können. Aber irgendwie

war ich schon erleichtert, dass ich überhaupt einen Flug bekommen hatte. Sobald es vier Uhr schlug war ich am Check-In. Security-Check. Man nahm mir zum zweiten Mal mein Feuerzeug weg. Das passierte mir nur in Indien. Als ich in Deutschland abgeflogen bin, konnte ich ihn behalten. Schade war, dass ich beim Hinflug im Transitbereich von Delhi  schon mein rotes Feuerzeug mit dem schwarzen Stierabbild abgeben musste, das ich in Barcelona erstanden hatte. Standen indische Securityleute so sehr auf Feuerzeuge?

Security am Boarding-Gate. Treppe hinunter. Warten in einem viel zu kleinen Bus, für viel zu viele Reisende. Alles Inder.
Es regnete in Strömen. Ob das Fugzeug wohl so abheben würde? Die indischen Mitleidenden sämtlich am Quatschen mit ihren Mobiltelefonen. Gedränge. Viel zu viele Menschen waren in diesem Büsschen eingepfercht.
Ein thailändischer, etwas gedrungener Kerl fand meine Lederjacke toll. Er sprach mit mir über seine tollen Erlebnisse, vornehmlich darüber wie er mit einem Quad stundenlang querfeldein gefahren sei. Und es sei amazing,

nächstes Jahr würde er Goa besuchen, es sei der schönste Strand überhaupt.
Mein geringes Interesse. Ich sprach so wenig wie möglich, aber er verstand meine nonverbale abwehrende Kommunikation nicht im geringsten. Er schwärmte und prahlte. Ich war mittelmäßig angenervt und schaute ihn irgendwann nicht einmal mehr an, sondern lächelte nur gequält mit einem Mundwinkel.

Der Bus hielt. Der Regen strömte nur so aus dem pechschwarzen Himmel. Der Treppen-Tunnel zum Flugzeug stand zwei Meter vom Bus entfernt und ja, es reichte um vollkommen nass zu werden, überbrückte man diese minimale Entfernung.
Security nach dem Boarding-Tunnel.
Ich hoffte der Typ würde nicht neben mir sitzen. Ich betete dafür, also: Dagegen. Wieder Fensterplatz. Meine Kleidung: Nass.
Tatsache: Das Flugzeug startete im strömenden Regen. Die Flugbahn war komplett überdeckt mit Wasser. Man sah nur noch die Lichter am Boden. Dann der Start. Schlittern. Es drückte mich in den Sitz und wir hoben ab. Turbulenzen über Bangalore. Unter mir die kleiner werdenden Lichter der

Stadt. Was für ein wunderbares Gefühl. Die Frage: Ob Rajesh den Fahrer in Mumbai kontaktiert hatte? Dieser wusste schließlich nichts von meiner siebenstündigen Verspätung...Rajesh hatte ich vom Flughafen in Bangalore anrufen können. Aber das hieß noch lange nichts. Ich richtete mich darauf ein, dass ich dort ankäme und niemand würde warten. Das war allemal besser als enttäuscht zu sein oder panisch zu reagieren, wenn man es erwartet. Man schraubt Erwartungen derart herunter, dass sie kaum mehr existent sind. Vorteil: Man ist nachher unglaublich glücklich!
Die Lichter Mumbais regten beim Landeanflug Gefühle in mir an, die ich nur sehr schlecht erklären kann. Es war ein Gefühl des Abschieds vom Süden einerseits, andererseits ein Willkommen in der Stadt, die ich ja schon kurz kennenlernen durfte, leider bei Regen und mit Streß. Und nun: Alles war anders. Mumbai rundete sozusagen die Reise ab und ich freute mich sehr. Letztlich verliebte ich mich ohnehin in diese Metropole, wobei ich nicht einmal genau sagen kann warum. Aber ist es nicht meistens so wenn man sich verliebt?

Die Räder setzten auf. Knappe fünfzehn Sekunden später begann wieder die Handymania... Es läutete, klingelte, schellte, tönte. Babylonisches Sprachgewirr indischster Art.

An der Gepäckausgabe waren die meisten Reisenden aus Bangalore ziemlich genervt: Alle Koffer waren komplett durchnässt. Selbst die Kleider in meinem Hartplastikkoffer waren zur Hälfte nass geworden. Aber es war mir egal solange ich noch Kleider hatte die irgendwie anziehbar waren. Die Wachmänner und Angestellten standen oder lehnten an den Säulen und beobachteten die Reisenden an der Gepäckausgabe. Wohl gab es einen Grund: Mit uns war eine hochgewachsene Halbasiatin mitgereist. Sie klackerte auf zwölf Zentimeter hohen roten High-Heels, endlos langen Beinen in einem Minirock hin und her und war definitiv, da hätte ich drauf gewettet, Model. Die indischen Arbeiter gafften amüsiert und es strömten immer mehr Arbeiter heran. Es schien sich rumgesprochen zu haben. Das gefiel ihnen sichtlich. Ich gönnte ihnen den Spaß, es war Abend und es

gab nichts anderes was irgendwie hätte interessant sein können.
Draußen dann: Imaginärer Trommelwirbel! War ein Fahrer da? Ich schaute auf die vielen weißen hochgehaltenen Namensblätter und -täfelchen Und ja! Da war ein Fahrer. Super. Ich entspannte mich. Rajesh hatte es also irgendwie hinbekommen.
Mein Hotel lag an der unglaublich schönen Mumbai Bay direkt am Marine Drive, auch „the necklace“ genannt, denn nachts sieht man in einem elliptischen Halbbogen die Lichterkette die sich an der Bucht wie Perlen entlangzog, kilometerweit nach links, kilometerweit nach rechts. Im vierten Stockwerk gelegen, mit Balkon, hatte ich eine der wunderschönsten Aussichten die es in Mumbai gegen Geld geben konnte. Es war mir sogar egal, dass man an der Rezeption glaubte Probleme machen zu müssen wegen meinem Visum. Ich schnauzte die Leutchen an, es wäre das erste Mal dass man hier so einen Aufstand machen würde und es wäre kein gutes Zeichen für ein Hotel und ähnliche Sätze. Vielleicht war ich etwas harsch aber ich war müde, ich hatte eine stundenlange Warterei hinter mir und zu allem Überfluß

und Überdruß: Es war dermaßen unnötig. Alles war in Ordnung und kein anderes Hotel hatte damit Probleme. Etwas eingeschüchtert von meiner patzigen Art gaben sie klein bei und ich schrieb mich in ihr Gästebuch ein. Der Aufzug war abenteuerlich und alleine nicht zu bedienen, so dass jedes Mal ein Liftboy mitfahren musste. Der Aufzug wurde mit einem ratternden, alten Gitter verschlossen, ganz wie vor hundert Jahren. Charmant. Dann ruckelten wir hoch. Gemeingefährlich und abenteuerlich!
Das Zimmer war geräumig, ziemlich sauber und eine Doppeltür aus Holz führte auf den Balkon. Dort erstmal eine rauchen.
Man fragt sich immer, wer die anderen Menschen sind, die in einem Hotel wohnen. Besonders dieses Hotel war alt, abgewohnt aber besaß einen unglaublichen Liebreiz. Weder modern noch technisch auf neuestem Stand, repräsentierte es doch für mich Mumbai an sich. Irgendwie hatte ich mich sofort in diese Stadt verliebt, schon der atemberaubende Ausblick hatte mich unwiderbringlich verzaubert und begeistert. Mit einem solchen Panorama kann man mich ködern. Sehr gut sogar.

Es war tief in der Nacht als ich mich zur Ruhe bettete und schlief, obgleich es heiß war, sofort ein.

Am Morgen spielte das Sonnenlicht durch die Vorhänge an der Mauer entlang und im Dämmerschlaf war das Gehupe der Autos, die Motorengeräusche der Mopeds und die Menschen zu hören. Die Großstadt war in meinem Kopf erwacht.
Die Bucht bei Tageslicht.
Ich bestellte mein Frühstück und bekam sodann auch die Mumbai Times dazu. Instant-Kaffee, diesmal ohne Tierchen, sowie ein paar Scheiben Toast. Sehr kontinental. Die Marmelade süß wie purer Zucker, geschmacklich mehr Kunst als Natur.
Am Morgen sollte ich eine Führung durch Mumbai haben, würde die wichtigsten Orte und Straßen sehen. Man hatte mir gesagt ich hätte hier einen „Lady-guide“, also untypischerweise eine Frau die mich hier durch die Stadt begleiten sollte. Das war in der Tat ein Novum, doch freute ich mich darauf.

Meine Stadtführerin war eine nette, hoch intelligente indische Dame im besten Alter na-

mens Lakshmi. Sie war sehr nett und erstaunte mich während der ganzen Zeit durch ihr unglaublich umfassendes Wissen über Mumbai.
Sie wollte mir zuerst in der Ridge Road am Malabar Hill den 1903 erbauten Jain-tempel zeigen, der durch seine opulente Architektur auffällt.

Lakshmi bedeutete mit zartem aber durchaus sicherem Wink ihr zu folgen. Erst einmal die Schuhe ausziehen. Dann über den vom Dahinschreiten abgeschliffenen Boden wandern, aber gemächlich, um in keinem Augenblick etwas zu verpassen. Auf der zweiten Etage, über eine enge Marmortreppe erreichbar, sangen Frauen. Sie beteten und rezitierten heilige Lieder. Jain-Frauen sind auch schön. Sie saßen auf dem Boden, in ihren wunderhübschen Saris, vor sich auf dem Boden die Ritualgegenstände und die Kerzen, Räucherwerk und Ketten. Sie wogten hin und her im Gesang wie Schwäne im Marmorteich. Ich stand so, dass ich sie nicht mit meiner Präsenz stören konnte. Ihr Gesang war zu wunderbar.

Ich brachte es auch nicht übers Herz sie zu photographieren. Das konnte ich nie wenn es um nach innen gerichtete Lebendigkeit ging. In einem abgetrennten Schrein verrichtete ein Priester mit Mundschutz und weißem Gewand einen Ritus. Vor ihm eine Jain-Statuette, in hellem Kerzenlicht erstrahlend. Einige Jains huschten fast unmerklich an mir vorbei und als sie mich sahen, die Hände zum Gebet gefaltet, da entlockte es ihnen ein wohltuendes, brüderliches Lächeln.
Überhaupt wird man vom Lächeln überhäuft in diesem Land. Natürlich ist es vordergründig meine Hautfarbe, die ihnen unvertraut ist, und damit wohl ein Faszinosum, aber darüber hinaus sind es die ihnen vertrauten Gesten des Betens die in mannigfacher Form vorherrschen und von einem Westler ausgeführt werden. Die Geste beim Betreten eines Heiligtums oder Tempels, die Hand- und Körperbewegungen vor einer Ganesha-Statue, das indische Nicken während eines Gesprächs.
Weiter ging es dann in den großen Park der Hanging Gardens, der, wie mir Lakshmi erklärte, über das Wasserreservoir Mumbais gebaut worden ist. Hier gäbe es auch einen

Jaintempel für Todesrituale. Allerdings würden die Leichen nicht kremiert, sondern immer noch zu einem besonderen Platz gebracht, an dem es Geier gibt, welche sich an den Toten laben. Man gibt den Körper frei zum Fraß sozusagen, um diesen Vögeln in Form einer letzten Tat als nützliche Mahlzeit zu dienen. Ich muss zugeben, ich war doch überrascht, dass diese Tradition immer noch weitergeführt wird. Aber in Indien ticken die Uhren anders, die Menschen sowieso und es ist schön zu sehen dass nicht alles unter dem Zwang einer Hygienisierung steht. Die Kehrseite allerdings ist daher auch nicht weniger anschaulich. Wo bei uns seit den 40er Jahren keine Pest mehr aufgekommen ist, so ist es alljährliches Schauspiel, dass immer noch ein paar Menschen an der Pest erkranken. Und auch damit gehen sie anders um. Es ist eben eine von vielen Krankheiten, ob Tuberkulose, Hepatitis, Malaria. Es ist Teil des Lebens, Teil des Sterbens. Der ewige Kreislauf.

Wieder wollte man mir Taschen verkaufen und Krimskrams. Nein, das mochte ich nicht. Daher weiter zum Ausblickspunkt, von wo aus man die gesamte Bucht überschauen

kann. Ein sehr schöner Anblick aber leider hingen die Wolken etwas tief und es war dennoch heiß genug um tatsächlich ins Schwitzen zu kommen.
Ein kleines Mädchen, halbnackt, nur mit einer zerfledderten Hose bekleidet, bettelte um Essen oder Geld und lief Zickzack durch die vor der Ampel wartenden Autos. Schwerer Job, dabei dürfte sie eigentlich zur Schule gehen, aber ihre Mutter wird sie wohl für ihre Zwecke eingespannt haben. Kinder bringen mehr Geld. Leider ist es so: Wo es schlimm ist, gibt's immer noch Schlimmeres. Betteln gehört noch leider nur einfachsten Form des Geldverdienens. Manche Kinder helfen auch auf dem Felde, natürlich vorwiegend auf dem Lande. Härtestes Los: Kinderarbeit in den Steinbrüchen. Die Jungs klopfen mit kleinen Hämmerchen gegen die großen Blöcke, die von Erwachsenen herausgesprengt wurden. Die Mädchen sammeln die Steine in Körben auf und tragen sie auf dem Kopf wohin sie auch immer hin müssen. Die meisten sterben irgendwann sehr jung noch an den Folgen einer Silikose die durch das ständige Einatmen der Staubpartikel ausgelöst wird. Daneben: Textilindustrieller Ein-

satz von Kinderhänden und –augen sowie Haushaltstätigkeiten. Man wächst in diese Struktur hinein und die Kinderseele ergibt sich meist ihrem Schicksal und zwar weil es einfach keinen anderen Weg gibt, oder sie keinen anderen sehen mögen. Jedes fünfte Kind geht nicht zur Schule, kann weder lesen noch schreiben.

Laut UNICEF erleben von hundert Kindern sieben ihren ersten Geburtstag nicht, fünf sterben an Mangelernährung und 65 existieren offiziell nicht einmal, weil eine Geburtsurkunde nicht vorhanden ist. Hier sterben Kinder an Masern, Infektionskrankheiten, meist Lungenentzündung, noch öfter aber an der Ruhr. Die kleinen, dünnen Leiber trocknen aus und sterben. Sie laufen mit ihren nackten Füßchen über den Asphalt, legen sich irgendwo hin und schlafen wenn sie müde sind. Sie erwachen mit hungrigen Mägen und essen Abfall. Sie übergeben sich dann oder erkranken an einem Darminfekt.

Die Dior-Taschen tragenden Brahmaninnen laufen an ihnen vorbei ohne sie eines Blickes zu würdigen. Das Problem: Gibt man den bettelnden Kindern Geld, wird es die Mutter

erhalten und das meiste ist organisierte Bettelei. Also was tun?
Junge Mädchen werden oft nach wie vor verheiratet, ohne eigenen Willen, verkauft wie Tiere, auch wenn das nicht legal ist.

Ich blickte auf die Open-Air-Wäscherei Dobi Ghats. In einem Dreieck bauten sich hier Hütten aus Lehm und Wellblechdächern vor mir auf, und zogen sich bis in den Hintergrund. Darüber thronte ein großer moderner Gebäudekomplex. Hier schuften tausende Menschen an steinernen Becken und leben quasi 24 Stunden in einer Seifenlauge. Alle großen Hotels lassen hier ihre Wäsche waschen. Alles wird per Hand gewaschen, von Uniformen, Kleidern, bis zu Hosen, Saris und Hemden. Alles über Leinen zum Trocknen gespannt, die sich über das ganze Gebiet ziehen, wie Gebetsfahnen. Es ist ein solches Durcheinander, dass man sich fragt, wer wann weiß, wohin die Wäsche nachher hin muß. Lakshmi konnte mir darauf auch eine Antwort geben. Indisches Chaos mit interner Struktur.
Alles wird schon. Ich stand irgendwann vor dem „Gateway to India“, dem historischen

Denkmal ganz Indiens. Hier endete meine Reise symbolisch, hier war der melancholische Schlusspunkt einer Tour, die tiefer ging als alles andere und die gefühlte drei oder vier Monate andauerte.
Mumbai, früher Bombay, hat eine bewegte Geschichte hinter sich. Die Portugiesen nannen sie 1534 „Bom Bahia“, also „schöne Bucht“, und ja, das ist sie in der Tat. Hier gibt es Hochhäuser und Wellblechhütten, und alles sehr nah aneinander. Wenn man im Landeanflug auf Mumbai aus dem Fenster blickt, sieht man die blauen Dächer des größten Slumviertels in Mumbai, direkt an der Landebahn gebaut. In Mumbai selbst werden die meisten Bollywoodfilme gedreht und jeder strömt sehnsuchtsvoll und mit Hoffnung in den Augen in diese große Stadt um sein Glück herauszufordern.

Früher war das „Gateway to India“ das angesteuerte Ziel jedes Ankömmlings in Indien. Die Ironie der Geschichte aber war vor allem dies: Die britischen Besatzer gingen 1947 durch dieses Tor hindurch um Indien als Kolonialmacht zu verlassen, auf Nimmerwieder-

sehen. Für sie war es ein „Gateway out of India".
Wie lange hatte ich geträumt an diesem Ort zu stehen? Beeindruckend. Berührend. Ich lief etwas desorientiert über den großen Platz, der sonst nicht so überschaubar sei, hatte man mir gesagt. Dann kehrte ich dem Gate den Rücken und es ging zurück zum Marine Drive.

Überhaupt ist dieser Teil in dem ich lebte, das den schönen Namen Churchgate trägt, ein sehr geschäftiges Areal von Mumbai. Die Menschen sehen teils sehr verwestlicht aus und inspirieren sich an allem was aus den USA kommt. Wo vor Tagen noch Frauen in Saris und mit Nasenringen verziert mit Töpfen auf den Köpfen und Jasminblüten im Haar an mir vorbeigerauscht sind, sind es hier solche in knallengen Jeans, ebenso engen Shirts, High-Heels, teuren Taschen, aufgetakelt und mit Make-Up dezent oder übertrieben verschönert bzw. verschandelt. Sie blicken dich auch etwas länger in die Augen, wenn du an ihnen vorbeigehst. Sie registrieren dich nicht nur, sondern schauen interessiert und lächeln dich an. Allerdings ist das auch schon alles. Der Versuch eine Inderin in Indien anzuflirten ist etwa so erfolgreich wie eine katholische Nonne zu verführen. Die Jungs geben sich alle obercool, verstecken sich hinter dicken schwarzen Sonnenbrillen und tragen Kettchen über der Brust im aufgeknöpften Hemd. Dann und wann solche in Schuluniformen, Businessleute.

Die Stadt ist busy. Die Stadt ist schön, romantisch, außergewöhnlich. Sie ist alt, zugleich neu, strahlt die gesamt Palette von Patchwork-Dasein aus, die eine Stadt nur haben kann und ist zudem freundlich und offen. An der breiten Promenade des Marine Drive saß ich stundenlang in der Sonne, ließ die Beine über die Mauer baumeln, auf der man sitzen oder liegen konnte. Hier joggten frühmorgens schon die ganzen sportbegeisterten Leute vorbei, kamen Mittags die frisch Verliebten und turtelten, tuschelten und lehnten sich sehnsuchtsvoll aneinander. Mehr dürfen sie nicht. Mehr ist in den Köpfen verboten. Auch das Küssen wird nicht gern gesehen. Unter meinen Füßen lagen Wellenbrechersteine, denn ein Strand hat diese Bucht nicht. Das Wasser ist ohnehin

verseucht und man sollte keinen Kopfsprung wagen. Aber Sitzen war schön. Der Ausblick war herrlich. Und stets waren andere Leute um einen herum, wenn man lange genug dort blieb. Die meisten waren sehr jung, Jugendliche, die hier ihren Platz gefunden haben, zum Abhängen eben, oder zum Träumen und Hoffen. Sehr wenige Touristen zu dieser Jahreszeit.
Abends fand man mich im „Gaylord“, einem sehr bekannten Restaurant, wieder, das in der Veer Nariman Road liegt, nur eine Straße weit weg von meinem Hotel. Es ist alt, und das wird mit nicht wenig stolz gezeigt. Es soll alles so bleiben wie es mal war.
Gaylord, der etwas kompromittierende Name ist jedoch ohne weitere Bedeutung und schließt keinesfalls auf die sexuelle Orientierung der eintreffenden Gäste. Das Bar-Restaurant zehrt überreichlich von seiner exorbitanten Popularität. Es ist wohl eine der berühmtesten Bars in Mumbai und folgt hierbei der Zeile: „There´s a bar in far Bombay“ aus dem Klassiker „Come fly with me“.
Oh ja, ich war geflogen, durch sintflutartigen Regen um hier an diesen Platz der Erde zu gelangen. Und hier konnte man es sich gut

gehen lassen, konnte abschalten, genießen, die Seele baumeln lassen.
Und was wird bleiben, wenn ich zurückgehn muß, dachte ich. Werd ich mich angesteckt haben, wenn auch nicht mit Malaria, dann doch mit der Lebensart, mit der Wahrnehmung der Dinge um mich rum? Werde gehen und zurückkommen, immer und immer wieder. Denn Indien ist eine Mutter.
Wird es stimmig sein?
Die Angst ob am folgenden Tag alles glatt laufe, auch oder gerade weil 1) mein Visum abgelaufen gewesen wäre, und ich keinen Tag länger hier hätte bleiben können, weder in Mumbai, noch in Indien selbst. 2) weil bisher nicht ein einziger Flug, ob Binnenflug oder Connection-flight 1:1 stattfand, wie geplant.
In Gedanken war ich schon teilweise weg, doch sollte ich das nicht und wollte es auch nicht. Die Sehnsucht nach Ferne war teilweise gedeckt, aber keinesfalls gestillt.

Leben und Welt sind schön, dachte ich.

Selbstfindung in Indien? Eigentlich eine abgedroschene Idee. Aber bei näherem Hinsehen gar nicht mal so falsch. Aber wohl aus ganz anderen Gründen wie man anfänglich glauben mag! Nicht weil alles sehende heilige Sadhus mir ein Leben zusammenorakelten. Nicht weil ich Erleuchtung gefunden hätte auf einem Berg wie Shravana Belagola. Schmerzende Füße, ja, aber Schmerz löst bekanntlich körpereigenes Morphin aus und manchmal auch Endorphine, also Glückshormone. In dem Sinne wars also auch gar nicht mal so falsch. Setzt man Erleuchtung mit Klarheit gleich, dann war es wohl ein wenig so. Aber genug dass man es merkte im Inneren?

Vor allem aber wurde mir Klarheit darin zuteil, was ich nicht erwarte vom Leben. Dementsprechend begann ich einen neuen Absatz in meinem Leben, besser: ein neues Kapitel. Ein neues Buch im Leben? Ach, was wusste ich schon?

Man geht und geht wie in einem dunklen Raum und dann donnert man gegen eine Wand. Man sieht sie nicht, aber man fühlt sie. Solche Wendungen zeigen sich durch Gefühltwerden. Alles Wahre lässt sich im Herzen erfühlen. Und nun? Ja, weitergehen. Wohin? Egal. Das ist der erste kosmische

Witz. Es ist egal, und zwar ganz und gar. Hauptsache man geht. Der Sinn? Der Sinn erfüllt sich durch das So-Sein. Das ist der zweite kosmische Witz. Und was fange ich nun an? Mein bisheriges Leben schien an diesem Punkt in der Indienreise und in Mumbai zu kulminieren. Beruflicher Neustart, ebenso privat. Nach einer sehr, sehr langen und einer sehr kurzen Beziehung und etlichen Spielereien jetzt erstmal durchatmen. In der sich selbst ruhenden Bewegung wie die eines Elefanten. Und dann? Ist es das was man „frei" nennt oder gerade nicht?
Ja, man fühlt sich einsam wenn man alleine reist. Das ist wahr. Aber es ist auch ein Geburtsort von so vielem. Es ist wie ein Abgrund und man fragt sich beim Hinuntergucken: Gibt's wenigstens eine Treppe? Mehr wünscht man sich plötzlich gar nicht mehr. Wie heißt es so schön: Wenn das Leben dir Zitronen schenkt, mache Limonade draus.
Eine Riesenstadt und ich. Mother India.
Die letzte Nacht brach an. Es dunkelte und als ich aus dem Gaylord zurückwankte, war bereits das Gefühl des Abschieds in mir. Ich bin aber auch verdammt rührselig. Ich packte meine Sachen, rauchte eine letzte „Gold

Flake", blickte auf das arabische Meer und verzog mich ins Bett.
Morgens um halb fünf sollte ich aufstehen, wach war ich um vier. Meine Güte. Das Auto sollte um halb sechs da sein, das würde reichen, hatte man mir mitteilen lassen. Ulkig war dann nachts die Aufzugproblematik. Meinem Hotelzimmer gegenüber war die Kammer, die von den indischen Hotelangestellten (oder war es eine Küche?) bevölkert wurde und die Tür stand offen. Ich dachte: Wenn ständig jemand vom Hotel in den Aufzug mit einsteigt, um dich hoch zu fahren, wie käme ich runter? Denn runter bin ich immer nur gelaufen. Treppen hinab. Aufzug hoch. Manchmal ziemlich oft, weil ich immer irgendetwas vergessen hatte im Hotelzimmer. Und nun war keiner oben und wohl auch keiner unten. Meine Koffer ließ ich vor dem Aufzug stehen, schob die Tür des Angestelltenzimmerleins auf und da ratzten drei Inder in Unterhemden auf jeweils einem Tuch und schnarchten sich die Seele aus dem Leib. Ich musste innerlich lachen, beließ es dabei und ging. Man lässt Inder besser schlafen. Arme Kerle. Ich drückte den Aufzugsknopf und hörte ganz weit unter mir durch den Schacht

ein dröhnendes Klingeln. Aha, so war das. Man machte oben auf sich aufmerksam und der Liftboy oder -mann, oder wie auch immer, würde hochkommen. Gemurmel und Geseufze, vielleicht Fluchen, drangen durch den Schacht. Ja, Leutchen was kann ich dafür wenn ich so früh auschecken musste? Der Mann, vom Schlaf noch komplett übermannt, in Unterhemd und ja doch, einer Hose und nackten Füßen, bediente den Aufzug. Auf dem Weg nach unten wäre ich fast geplatzt vor Lachen, denn der Typ stand tatsächlich mit der Stirn am Gitter festgepappt und schien nach dem Drücken des Knopfes nach unten schon wieder eingeschlafen zu sein. Das satte Gerumpel ganz unten weckte ihn zwar auf, seine Hände öffneten das Gitter wie selbständig, die Augen immer noch geschlossen. Er konnte das eben wie im Schlaf.

In der Lobby: Alles dunkel. Nur Schnarchen. Fünf Angestellte lagen auf den Holzbänken auf und unter Zeitungspapier und pennten. Ja, dann gute Nacht. Nur einer, ein wacher älterer und durchaus witzig ausschauender Angestellter mit sicher nicht mehr als drei Zähnen im Gesicht kümmerte sich rührend um mich. Er stellte sich auf die Straße durch die nur einige Betrunkene zogen und wartete, wie ich, auf mein Auto. Das kam in der Tat eine halbe Stunde zu spät. Man verabschiedete mich. Ich steckte dem wackeren Teddybären-Nachtwächter einige Rupien in die Faust und wir verließen Mumbai. Nachts kann man toll durch Mumbai fahren. Es ist überraschenderweise wirklich nix los auf den Straßen. Wer hätte das gedacht? Daher fuhr mein Fahrer durch alle, aber auch wirklich alle roten Ampeln mit einer Selbstverständlichkeit dass ich mich nicht entscheiden konnte zwischen Angst und Heiterkeit. Aber geil war das schon, einfach so durch die Stadt zu brettern.

Mumbai Airport. Voller Name: Chattrapathi Shivaji International Airport.

Es geschah wirklich ein Wunder: Ich gelangte an die richtigen Leuten und nach nur zehn Minuten hatte ich meinen Boarding-pass. Das Wichtigste überhaupt. Noch etwas Gerede zu viert über mein Visum am nächsten Schalter vor dem Security-Check. Trotzdem ok. Was sollten sie auch machen? Mehr als ausweisen konnte man mich nicht. Daher ziemlich ruhig meinerseits.

Warten auf den Flug am Gate. Sitzen.
Langes Warten.
Ich hätte nie gedacht, dass das klappen würde, ich rechnete noch im Hotel meine Chancen an dem Tag nach Hause zu kommen auf geringe 20%.
Im Flugzeug dann die Überraschung: Ich hatte für die elf Stunden Flug tatsächlich und allen Ernstes eine komplette Dreierreihe von Sitzplätzen für mich alleine und konnte mich mit drei Decken und drei Kopfkissen ordentlich hinfläzen. Ganesha, Gott der Reisenden, Danke! Schlafen konnte ich trotzdem nicht. Aber egal. In meinem Ohr sang Michael Bublé den Song „Home".
Ich beobachtete die Wolken, hörte das Surren der Turbinen und als ich dann doch im Halbschlaf hing, tanzte in meinem Kopf eine schöne Inderin mit Jasminblüten in ihrem Haar einen Bharata Natyam. Oder war es eine Sitznachbarin?

Und was habe ich mitgenommen aus Indien? Sowas fragt man nicht. Es sind Antworten, es sind Fragen, es sind Fragen auf Antworten und Antworten wiederum auf Fragen...Es gab Antworten ohne Frage und einige blie-

ben offen.
Aber: Die unerschütterliche Erkenntnis und das unumkehrbare Gefühl, dass ich nie wieder derselbe sein werde, irgendwie, war einfach da. Und dass man Indien vermissen kann. Sehr sogar. Denn Indien ist eine Mutter, die dich ins Leben schmeisst und dich nicht wieder herausholt sondern lächelt.

# *Ende*

Der Autor freut sich stets über Feedback oder Fragen. Sie können ihn unter folgender E-Mail-Adresse kontaktieren:

pascaldebra@gmx.de

oder auf Facebook.

# Weitere Bücher von Pascal Debra:

***Belletristik***

- „Horizontenstille“ (2001),
- „Gesammelte Schriften 1993-2002 Band 1“ (2004)
- „Aszendent Äonenfalter -Gedichte und Koans 2002-2006“ (2008)
- „Der Schachspieler“ -Roman (2009)[geschrieben 1999-2002]
- "Das Buch der Inneren Dinge -Gedichte aus den Jahren" 1998-2002 (2009)
- „Die Reisszwecke in der Regenrinne. Oder: Ein Hypochonder in New York“ -Roman (2009)

***Sachbücher***

- „Argumente für vegane Rohkost“ (2005)
- “Das kleine Handbuch des Grüntees -Heilwirkung und Kultur aus den Gärten der Welt.” (2007)
  5. Auflage 2009
- "Die Anfänge der Philosophie -Kosmologie, Astronomie, Menschsein (2010)

Verpasste Flüge. 2.500 km Autofahrt. Insekten im Kaffee. Wundervolle Menschen und exorbitante Landschaften.

Dieses Buch ist sowohl eine persönliche Aufzeichnung der Abenteuerreise durch über 20 Städte Südindiens, von der östlichen zur westlichen Küste des Subkontinents, als auch eine Auseinandersetzung mit der südindischen Kultur, ihren religiösen Ansichten, ihrer kulturellen Vielfältigkeit und ihren Göttern und Mythen.
Es ist mehr als eine Reise von Küste zu Küste, von Tempel zu Tempel: Ein Trip durch das Selbst mit allen Fragen und Problemen die durch eine solche Erfahrung auftauchen mögen.

2. Auflage

9 783844 800463

BOD
Books on Demand
www.bod.de